んだんだ

無明舎出版
よたよた半世紀

あんばいこう
編著

無明舎出版

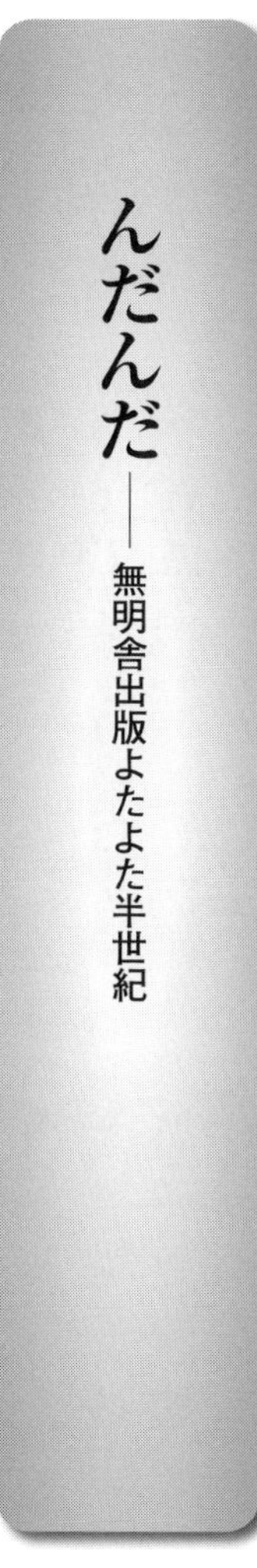

んだんだ――無明舎出版よたよた半世紀

はじめに――五十年をふりかえって

――あきっぽくて協調性がない。組織で生きていくのは難しい。

そんな思いから秋田市で出版社「無明舎」を設立、就職しない生き方を選んだ。

それが、この九月でちょうど創業五十年を迎えた。月日が経つのははやい。

一九七二年九月、秋田市の秋田大学教育学部前に「古本・企画・出版」の看板を掲げ、無明舎は船出した。私は学生で、いまでいう「学生起業」なのだが、当時「起業」という言い方はなく「ドロップアウト」と、やや蔑んだニュアンスで呼ばれるのが常だった。

七十歳を超えた今も相変わらず同じ秋田で本づくりを続けている。

この五十年で刊行した本は千点余り。年平均で二十冊程度の新刊を出してきた。

秋田で出版社を創業した七十年代初頭、県の人口は百三十万前後。この人口で「出版社」が成り立つものなのかと疑問を抱く人は少なくなかったが、近くの青森県弘前市には「津軽書房」、九州・福岡県には「葦書房」という地方出版の両横綱のような存在があった。七四年に津軽書房は長部日出雄「津軽世去れ節」で直木賞を受賞していたし、葦書房は七七年、山本作兵衛「筑豊炭鉱絵巻」で大きな注目を集めた。この二つの地方出版社が私にとっての灯台であり希望だった。

さらに起業して間もない七六年、地方出版や小出版社の本を全国の書店流通してくれる「地方・小出版流通センター」が東京に設立されたことも、追い風になった。

大学を中退し、退路を断ち、地方出版の世界に身を投じたものの、本づくりのイロハや出版界の基礎知識もなく、独学でのスタートだった。それでもボンヤリとだが「社員を四人以上にしない」「ビンボー自慢をしない」「地域至上主義に陥らない」という、ゆるい社是のようなものは掲げていた。

地方出版は読者もテーマも執筆者も限られる。資金繰りで苦労するのは目に見えている。だから安易に人を増やさない。「秋田が一番」というお国自慢も危険な落とし穴だ。

最初の十年間は無我夢中だった。二十年目あたりからようやく経営が安定しはじめた。企画も「秋田もの」だけでなく「北前船」「ブラジル移民」「東北の自然・文化・歴史」といった独自性のあるテーマを打ち出せるようになったのもこのころから。日本の出版界の売り上げがピークと言われる九十年代後半は創業三十年前後の時期だった。地方出版も例外なく出版部数や出版依頼の数が徐々に減り始めた。

四十年目になっても基本的な苦しさに変わりはなかったが、地方特有のネットワークや郷土資料を有効活用し、公官庁の仕事などに積極的に参入した。

消える本屋に替わって、ネット通販や直販（読者と直接取引）で売り上げをカバーした。

三・一一の東日本大震災からコロナ禍までは、厳しい時期が続いた。でも何とかなりそうだ。本が売れるのは「たまたま・偶然・奇跡」で、元々は売れないものなのだ。その考えを基本（前提）にして企画や販売戦略を立てるしかない。活字や本でなければ潜り込めない場所は、まだ至る所に残されている。一隅を照らす、小さなメディアは必要だ、という思いはいまも変わらない。——

これは二〇二二年十一月三十日の毎日新聞「発言」欄に書いた文章である。

創業五十年を振り返ってほしいとの記者からの依頼で、「千字程度で全国の人にわかるように」という難しい注文だった。

「五十年」というのは百年の半分、半世紀ともいう。人生五十年といわれた時代も、そう遠くない昔にはあった。だから「たいしたもんですね」と褒められることもあるが、我が町内には無明舎よりもずっと古くから営業を続けている床屋、寿司屋、不動産屋に洋服屋、病院に文房具屋と、枚挙にいとまないほどだ。出版業という地方都市には珍しい職種なので目立つだけなのだろう。

「長かったですか？」と訊かれれば「あっという間でした」と紋切り型の答えしかないのだが、これまで刊行してきた千点以上の出版物を目の前にすると、その一冊一冊に時間と思い出が詰まっていて、「あっという間」ではなかった月日が、苦い胃液のように身体の奥底から混みあがってくる。

自分にはなにほどの才能の欠片もない、と気が付いたのは四十代の頃。

この世界で生き抜くためには「長く続けること」、持続力しか自分には残されていない。才能のある人たちと同じ土俵の上で勝負しては勝てっこないが、才能のある人たちも永遠に持って生まれた、その能力で長く生きていけるわけではない。いずれ力尽き、老い、劣化する。そこにカメ（私です）が追いつき追い越していく。

四十代、実はそんなイメージを持って先を行く人たちの後ろを追っていた。

そして古希を超えた今、同時代の俊英たちは、まだずっと先を走り続けている。

健康だけではとても追いつけない彼我の格差があることも知ることになる。

それでも半世紀、なんとか出版の世界の片隅で生きてくることができた。仕事を一緒にした仲間たちに恵まれていたのだろう。自分にないものを持った仲間たちが、私の欠点を補い、専横を諌め、猪突猛進にブレーキをかけてくれた。それがなかったら、とっくに消えていたのは間違いない。

二〇〇三年、創業三十周年を記念して『舎史ものがたり』という冊子（有料）を出版した。

四章仕立てで第一章が「二十年ものがたり」、第二章が「コラムで読む十年」、第三章が「略年表」、第四章が「図書目録」という構成だ。本書はこの「二十年ものがたり」と「略年表」を底本にした。そこにこの三十年間の新しい歴史を付け加える形をとったのだが、「コラムで読む十年」と「図書目録」はカットした。第一章を書下ろしの「後半の三十年ものがたり」、第二章を『舎史ものがたり』から「二十年ものがたり」を再録し、第三章は後半部分を追記した「略年表」という三部構成である。五十年の歴史のうち、最近の三十年が先に来て、昔の二十年がその後にくるという変則的な構成で、とまどわれる方もいるだろうが、ご容赦願いたい。

また『舎史ものがたり』を書いた時点では、個人情報などへの配慮に無自覚だったが、本書では個人名をイニシャルに変え、事実誤認の部分は削除した。「前半」と「後半」に同じ事柄を扱った記述もあり、その内容に重複も見受けられるが、あえて整合性をとらず、そのままにした。四十代に勢いのまま書いた文章と、古希を迎え、かみしめながら書いた文章では、自ずと視野やスタンス、歴史観に違いが出てくるのは自然だからだ。

書名の「んだんだ」は、「そうだね」という肯定を意味する秋田弁だ。

この方言が昔から好きで、本格的に出版を始める前に刊行していたミニコミ紙にも「月刊んだんだ」という誌名をつけていたほどだ。その後も小舎刊行物の企画シリーズには「んだんだ文庫」や「んだんだカラーブックス」「んだんだブックレット」といった具合に、シリーズ企画の冠にかならずといっていいほど使用してきた。

本だけではない。読者用ＤＭ通信は「んだんだ通信」だし、毎日更新するブログ日誌は「んだんだ日記」だ。ほぼこの50年、「んだんだ」はわが舎の商標登録のごとく、連れ添ってきた相棒だ。50年を記念する書名としてはこれ以上ふさわしいものはない、と思っての命名である。

第一章　後半の三十年ものがたり

1 「激動の九十年代」は四十代

九十年代について

九十年代というのは、私の四十（歳）代の十年とほぼ軌を一にしている。個人的には働き盛りの十年で、世界や日本にとっては激動の時代でもあった。

九十年代の世界の激動は、八九年の東西ドイツの壁崩壊で幕を開けた。そのまま一気に九一年のバブル崩壊へと突き進むわけだが、これが「失われた十年」の始まりでもあった。

ベルリンの壁崩壊の年、秋田市郊外に借りていた在庫用倉庫が火災にあい全焼した。もらい火事だったが、水浸しになり処分した在庫本の損害額は小さなものではなく、この時のショックは後々まで尾を引くことになった。

のっけから花の九十年代とは逆の、マイナスからのスタートになったわけである。

悪いことばかりではなかった。

多くの単行本を生み出す母体となった小冊子「舎内報・月刊んだんだ劇場」の刊行がスタートしたのもこの九十年だった。原稿締め切りがないため書けない著者たち用の連載雑誌で、ここで書き溜めたものを単行本にする月刊誌である。ここから生まれた単行本は、以後刊行する本の六割近くを占めたほどで、無明舎の「出版企画のエンジン」のような存在だった。この媒体のおかげで、未来の著者候補にも気軽に執筆依頼をすることが可能になった。

賞とはほとんど縁がなかったが、九十年には無明舎出版編の『ブナが危ない！』が第三回地方出版文化賞を受賞している。

翌九一年は安倍個人が「ＮＨＫ東北ふるさと賞」を受賞。賞とは無縁の人生だったので気疲れが激しかった月日だった。

九二年にはPKO協力法が成立し、学校が週休二日制に移行した。出版専業社としてのスタートになった処女出版「中島のてっちゃ」の主人公・工藤鉄治さんが七十五歳で亡くなっている。

八十年に新築した事務所の大規模な改修リフォームに取り掛かったのもこの年か。二トントラック二台分の不良在庫や粗大ごみもこの時期に処分した。

事務所に「時間という贅肉」がうっすらと付き出したような感覚があったからだ。

そんな折、森吉山ダム工事事務所から企画提案があり、国の予算を使う「企画出版」がスタートしたのもこの年だ。

九三年にはJリーグが開幕、EU欧州連合が誕生し、冷夏でコメ大凶作、「平成の米騒動」が起きた。

白神山地が世界自然遺産に登録されたが、安倍個人は立て続けに『力いっぱい地方出版』（晶文社）と『少年時代』（無明舎出版）と自著を刊行している。秋田市のホテルで「二十周年記念パーティ」を開催したのもこの年だ。

九四年は松本サリン事件があった。流行に乗り遅れまいと意味も分からずマッキントッシュの高価なパソコンを購入し、その大きな機械を置くために西陽がひどく使っていなかった事務所二階をリフォームし、ここに「シャチョー室」を作り、ひとり悦に入っていた。

この年の総出版点数は四五点で、これは過去最高記録だ。

九五年は阪神・淡路大震災、地下鉄サリン事件と続き、Windows 95が発売になり「インターネット元年」といわれた。

九六年は薬害エイズや病原性大腸菌O－157がはびこり、新たな感染症が身近なところに存在することに恐怖を覚えた。個人的には一九歳の時からはやしていた口ひげを落とした。もう若造ではない、という気分だったのだろうか。

九七年には消費税が三パーセントから五パーセントになり、北海道拓殖銀行や山一證券の経営破綻はショッキングな出来事だった。本格的にネットやメールを仕事として始めたのもこの年からだ。

九八年は冬季長野オリンピックがあった年だが、「日本列島総不況」といわれるほど不景気の波が日本中を覆った。舎内のデジタル化がほぼ終了し、事務所の外壁と床も大改装、「月刊んだんだ劇場」もＤＴＰで編集するリニューアル版創刊号を出している。

九九年はｉモードがヒットした。この年に五十歳になったのだが、年初めに「ライターズ・ネットワーク」という組織から「ライターズ・ネットワーク大賞」を受賞している。出版の師匠でもあった津軽書房の高橋彰一氏が七十歳で亡くなったのもこの年だ。

ある方言辞書の発売をめぐって著者と裁判沙汰になり、損害賠償訴訟まで行きかけたが、弁護士の助言により提訴を取り下げている。一方的に数百万円の被害を受けた形だが、この事件に長く関わることのほうがずっと苦痛で前に進む障害になると判断してのことだ。

事務所の正面外壁に白アリが発生し、外壁を全部はがして大工事をしたのも記憶に新しい。

二〇〇〇年になると著者からの原稿もほとんどがデジタル化、印刷所も「手書き原稿」を毛嫌いするようになった。

無明舎出版のホームページもこの年にはじまっている。

秋田県教育委員会が編集した『秋田のことば』の出版権と販売権の入札で落札した。出版物の競争入札というのは珍しく、いろんなメディアで話題になった。同じ年に上下巻三千ページ、定価三万六千円という、うちでは最も高額な定価の『ケセン語大辞典』が五百部限定で刊行され、即完売となった。

「ラルート」前後十年

大急ぎで九十年代を駆け抜けてみたが、私にとっても会社にとっても大きな意味のあった「十年間」だったことは間違いない。

会社の転回点となる出来事も起きている。

バブル崩壊が報じられた九十年代初頭、会社の命運を変えるような、あるいは出版の方向性を予想外の方角へ大きく向かわせる出来事だ。ある日、建設省東北地方建設局森吉山ダム工事事務所から、「出版の相談に乗ってほしい」と連絡を受けた。国によるダム建設で消えてしまう森吉町の集落を長期にわたって出版物として記録に残してほしい、という依頼だった。

国（税金）の仕事をするのは初めてだった。不安のほうが大きかったが、よく意味も分からぬまま、引き受けることにした。出版の基礎知識もトレーニングもないまま自己流で好き勝手に本をつくってきたのだが、それをプロの仕事をして認めてもらったのがうれしかったので断る理由はない。といっても国の仕事である。税金を使うのだから、いろんな制約がある。新しい仕事が発生する度に入札があり、運よく落札しても、相手（国）の編集方針が絶対の世界だ。協調性のない自分が、そうした組織と折り合って仕事をしていけるものだろうか。面倒くさい人間関係の中に放り込まれ、途中で投げ出してしまう可能性は……恐怖に近い危惧があったのも事実だ。

しかしそれは杞憂だった。これまでの無明舎出版の実績を冷静に分析、理解したうえでのオファーだったから、担当者もこちらの意向を全面的に受け入れてくれた。国からすればいままで通りのデザイン事務所やコンサルタント会社に依頼しても、内容に期待はできない。ここは心機一転、秋田県内の歴史や文化の情報蓄積のある「専門の編集者」に依頼して新機軸を打ち出したい。

取材能力や執筆者の人脈、これまでの情報蓄積や編集の力量を鑑み、こちらに対して企画から編集までかなり自由な裁量権が付与してくれた仕事だったのだ。

九二年冬ごろから、毎週のように県北にある森吉ダム工事事務所に出向し、打ち合わせと取材の日々が始まった。事務所側は長期的な「ダムに沈む村の歴史と文化を残す出版事業」のシリーズ化を考えていた。

九三年三月、最初の一冊になる『子孫に残す歴史の

記録　森吉路』（川村公一編著）が刊行された。B五判三一〇ページ、これが「モリトピア選書」の始まりだった。

この一冊目が好評で以後、毎年のように同じテーマで年間三、四冊ずつ本が刊行されることになった。「モリトピア選書」の内容は多岐にわたった。ダムに沈む村の写真集から歴史や文化、自然に料理、民話や伝説、古道から舟運まで、幅広いジャンルが企画テーマとしてリストアップされた。私たちにとっても、これまで蓄積してきた資料や人脈、取材力や編集スキルが十全に生かされる企画内容に満足でき、楽しい仕事でもあった。

経済的にも舎の売り上げはこのあたりから急速に伸びていく。八十年代後半から出版点数の勢いは止まり、全盛期の半分くらいまで落ちつつあったが、「モリトピア選書」のシリーズ化で、その相乗効果もあり他の出版依頼も増え始めていた（ちなみに「モリトピア選書」は非売品のため小舎刊行物としてはカウントされていない）。

年間四、五点のダム事務所の刊行物を定期的に出すようになると、人員不足が顕著になってきた。会社を起ち上げた時、「舎員は四名以上にはしない」と固く決めていたが、どうにもならなくなり、人を増やすことにした。前から目を付けていた友人のA君に、この建設省関係の「企画営業」部門の専門担当として入舎してもらうことにした。「企画営業」というのは私の造語で、国や県の税金を使って作る本のことを言う。A君の仕事は国や県の広報関連の事務所を訪問し、企画・編集・出版の請負仕事を受注することだった。

こうして「モリトピア選書」以外にも、九七年十二月からは季刊雑誌「ラルート」の定期刊行が決まった。企画・編集・制作は無明舎出版で、B五版・二十六ページ・オールカラー・非売品の「秋田の道路情報誌」だ。発行は国土交通省秋田河川国道事務所内の「秋田県道路広報連絡会議」で年四回刊行の季刊雑誌だった。

ここから仕事はこの雑誌を中心に回り出した。私を含めて五人の社員がいるのだが、私以外の全員がこの季刊誌編集に忙殺されることになった。それにとどまらず雑誌のためのフリーランス・ライターやカメラマン、発送や雑務のアルバイト（主婦）たちが常時五、六人、事務所に出入りするようになった。

舎内には常時大声が響き渡り、昔ののんびりとした編集室の雰囲気は跡形もなくなった。地味な本を出し続ける地方出版社の貌から、季刊雑誌の企画・編集・発行の派手なデザイン会社に様変わりしたような雰囲気に戸惑い、ときおり怖さも感じていた。

季刊雑誌「ラルート」は九七年三月に創刊号が出た。それから一度も滞ることなく三六号（〇七年春号）まで刊行された。十年間も続いたのである。

この「ラルート」を発行し続けた十年は無明舎の歴史の中でも、かなり特殊な「時間」の中にあった、といっていいのかもしれない。経済的には豊かな時期で、資金繰りに悩むこともなく、事務所には人の笑い声と部外者の頻繁な出入りがあり、地味で暗い地方出版社のイメージはどこを探しても見つからない状態だった。が、心のどこかでは「これは違う。このままでは大変なことになってしまう。いつかこの仕事がなくなった時に被るダメージは大きい」という危機感は、いつも心の片隅に巣くっていた。

「出張」は山の上ホテル

国からの事業出版がはじまると東京出張が増えはじめた。本の流通の取引先である「地方小出版流通センター」が東京にあったこともあるが、忙しくなって東京でリフレッシュ（息抜き）することが「出張」のもう一つの目的でもあった。

秋田での仕事も二十年をこえ、会社の知名度もあがり、狭い地域なので周りはみんな知り合い、という環境に息苦しさを覚えるようになったのだ。秋田以外というと行きたい場所は「東京」しかなかった。

生れてから秋田県を一度も出ていないので、大都会へのあこがれは人一倍強かったのだろう。

東京では「本の街」神保町を中心に街をほっつき歩き、書店を冷かし、美術館を回り、夜は映画や芝居を観て、夜遅くまで友人たちと飲んだくれた。

一カ月に一度は東京の空気を吸わないと視野狭窄性になりそうな強迫観念すらあった。東京へは飛行機で行く。たいがいは二泊三日ほどの日程だが、一時間でも時間を無駄にしたくなかった。

東京にもだいぶ慣れたころ、ふと、お茶の水にある有名な「山の上ホテル」に泊まってみようと思いたった。昔から文人たちが常宿にし、数々の文豪伝説のある古風で格式の高いホテルだ。東京出張もマンネリ化していたし、土産ばなしにでもなれば、という軽いノリから宿泊予約の電話を入れてみると、予想外にすんなりと部屋は取れた。

緊張しながら初めてチェックインした。その時のことは今も鮮明に覚えている。ホテルの居心地は想像以上に快適だった。静かなこと。高級ホテルにありがちな余計なお世話が皆無なこと。ホテルマンの接客が穏やかで洗練されていたこと。客と程よい距離を保ち、一定の距離からはけっして踏み込んでこない。

味を占めて翌月も泊まりにいくとチェックイン・カウンターで、「あんばいさまですね」と宿帳を書くことなく、いきなり部屋に案内された。

一度来た客は忘れないよう訓練されているのである。ここから怒涛の山の上ホテル通いがはじまった。

毎月のように東京に行き、そのたびに山の上ホテルに泊まった。本の街・神保町と地の利はいいし、人と待ち合わせるのも、仕事場としてロビーが使えるのも、便利このうえなかった。朝ごはんのルームサービスも、夜のレストランやバーの使い勝手の良さも、なにもかも理想的なホテルで、もう他のホテルに泊まることは考えられなくなったほどだ。

仕事だけでなく家族旅行の際も山の上ホテルを利用するほどだった。子供が夜中に急に熱を出したとき、ホテル側はすぐに医師を部屋に呼んでくれた。ある雑誌の対談用にホテルを使わせてもらったとき、対談中に録音テープが足らなくなり、慌てて買いに走ろうとすると、「これをお使いください」とホテルに常備している録音用テープを差し出されたこともあった。

宿泊費も神保町界隈のビジネスホテルの倍ほどで、けしてべらぼうに高いわけではない。

投宿後は、なにはともあれ神保町をブラブラする。ここには私たちの地方出版社の本だけの本を集めた書店「書肆アクセス」がある。まずはここに顔を出し、各地域で出された新刊を一通りチェックし、道路を挟んで向かい側にある東京堂書店で今度は自分が読むための新刊本を買い求める。夜は友人たちを誘って宴会だ。東京で開かれる出版パーティや出版人の集まり、シンポジュウムにも積極的に参加できるようになり、美術展めぐりや演劇鑑賞も東京出張の大きな目的のひとつになった。

「書肆アクセス」や東京堂のある神保町スズラン通りにはもう一ヶ所、必ず訪れる場所があった。「書肆アクセス」の真向かいの小路をはいった食堂の二階に事務所のあった弓立社だ。弓立社は宮下和夫さんが経営する小さな出版社だ。宮下夫妻とアルバイトの主婦のかたが三人で日々の仕事を切り盛りしていた。この小さな事務所から吉本隆明はじめ、若き日の鴻上尚史や渡辺京二、猪瀬直樹といった作家たちの本が飛び立っていった。でも弓立社のベストセラーといえば、あの森伸之『東京女子高制服図鑑』だろう。この本の版元だと言えば、わかる人が多いのかもしれない。

宮下さんは一九四二年生まれ。学研や主婦の友、徳間書店を経て、無明舎と同じ七二年に弓立社を創業した。私より七つ年上だが、何でも話せる親友のような先輩だった。その狭い事務所で宮下さんと出版業界の最前線の刺激的な話を聞きながら、夜は連れ立って演劇や舞踏、美術店巡りなどをして飲み歩いた。宮下さんから教えてもらったことは多い。なによりも秋田からやってくる田舎者の後輩と、いつも丁寧に対等に付き合ってくれるのがうれしかった。

宮下さんは二〇一一年、友人に無償で会社を提供して引退した。その後も個人編集者として複数の出版社のために「吉本隆明の遺稿を編集」する仕事を自宅で続けていたのだが、二〇二二年二月、癌によって旅立ってしまった。

神楽坂の東京事務所

山の上ホテルを足場に毎月のように東京に行くというルーチンはほぼ十年続いた。

東京に行くというよりも山の上ホテルに泊まりに行くという目的のほうが強い出張だった。

ホテルを利用しはじめて十年目、秋田の私の会社宛てに山の上ホテルからカレンダーが送られてきた。初めてのことである。風格のある重厚なモノクロ写真で構成された格調高いカレンダーで、ホテルの「常連」として認められた客だけに送られる、年末のホテルからの贈り物だそうだ。

十年間、ほぼ毎月のようにこのホテルに泊り続け十年たってようやく常連として認められたわけである。

そんなころ、弓立社の宮下さんに、「そんなに東京が好きなら、こっちに事務所を作ったら」と言われ、神楽坂にある新築のタワーマンションを紹介された。内覧会にも付き合ってもらったのだが、東京のど真ん中に建つ新築タワーマンションなのにその「安さ」に驚いてしまった。当然「億」はすると予想して冷やかし気分の内覧だったのだが、三ＬＤＫの新築高層マンションは予想の半額以下だった。そのことに驚き、その場で購入を決めてしまった。安かったのは「定期借地権付き」の建物だったからである。定期借地権とは土地を地権者から「五十年間」借りて建てたもので、その期限が終了すれば更地返還しなければならない建物のことだ。

秋田に帰り地元銀行に融資の相談をすると、即融資ＯＫの返答があった。

二〇〇二年秋のことだ。翌〇三年一月、神楽坂のマンションに無明舎出版東京事務所はオープンした。

生まれてこの方、秋田県を出たことはなく、引っ越しの経験も少ない。それが憧れの東京で、それも神楽坂という一等地の新築タワーマンションだ。気が高ぶるのも無理はない。家具や生活用具もフンパツして新宿の大塚家具でまとめ買い（この時買った家具類は今もシャチョー室に鎮座して現役である）。完全に舞い上がっていた。

毎月のように世話になった山の上ホテルもこれで「用なし」になった。常連客のお墨付き（カレンダー）をいただいたばかりなので、失礼のないように、「長い間ありがとうございました」という礼状を支配人あてに書き送った。すぐにホテルからは神楽坂の東京事務所宛に花束が届いた。

何もかもが真新しく新鮮で目くるめくような、文字通り胸躍る東京ライフが始まった。日々がたまらなく愛おしく、夢のような心持で、毎日が地に足のつかない浮遊感の中にいた。

月に一度、一週間程度、東京事務所に「出張する」のがルーチンになった。常駐者を置くほどの余裕はなかったが、ここで本格的な仕事を発展的に続けるというよりは、精神衛生上欠かせないリラックスできる「別荘」をもった気分だった。長男がちょうど大学受験で、彼が留守番も兼ねて事務所には定住することになった。

毎月、上京するのが楽しみだったが、来るとまずは何もさておいても部屋の掃除で、それが済むと外出。目的もなく街をふらついて、ヘトヘトになってマンションに帰ってくる。夕食はできるだけ自分で作るようにしたが、東京の少ない友人、知人たちに声をかけて外食することも少なくなかった。東京事務所の存在を知って訪ねてくる来客も多く、滞在していた一週間はいつも予定がびっしり埋まっていた。

しかし夢のような東京ライフも長くは続かなかった。二年目を迎えたあたりから、秋田の会社の売り上げが予想を上回る速度で下がりはじめた。当初もくろんでいた東京の仕事も思うようには入らず、東京事務所はビジネスとしては機能していない状態だった。個人の「別荘」としての役割だけしか果たしていなかったのだ。

毎月の銀行融資の返済が少しずつ重荷に感じ始めてきた。秋田の仕事がけっこう大変な時期に、自分だけ「別荘」で安閑と過ごすのは、逆に拷問に等しく、東京にいてもまるで楽しくなくなっていた。本末転倒も甚だしい。

不透明な未来をいろいろ憂い患より、思い切ってマンションを売ることに決めた。

マンションの担当者に相談すると、「わかりました、すぐ売れますから」と請け合ってくれた。

二日後、本当に担当者の言う通り、買い手が見つかった。同じマンションに住む人が、別居している両親のために買いたいと申し出てくれたのだ。「売値」も担当者まかせだったのだが、信じられないことに買った時よりも高く売れた。手数料や部屋のクリーニング代などの出費もあったのでトータルではプラマイゼロというところだったが、まだ運には見放されていなかった。

引っ越しに未練はなかった。ただ息子が住んでいたので、とりあえずは中野に代替のアパートを借りた。そこを息子のアパート兼東京事務所として継続させることにした。

この中野のアパートも一年半余りで引き揚げ、東京から完全撤退することに決めた。

神楽坂と中野、合わせて三年半ほどの東京ライフだった。結果的に金銭的負担や痛手はほとんどなかったのだが、精神的には敗北感に打ちのめされた「黒歴史」といってもいい事件だった。

2　東日本大震災の後先

東日本大震災から

いつものように昼食がてら外に出た。駅まで歩いてランチを済ませ、事務所まで歩いて帰る途中、これまでないような大きな揺れがあり、路上でゆっくりと目の前の世界が右左に動いた。走行中の車が急停車し、家々から飛び出してきた。地面だけが大きくゆれ、それ以外の人間や車は停まったまま、まるで映画のスローモーションの世界だ。

経験したことのない大地震だ。車の消えた道路の真ん中を走って事務所に向かうが、身体の左右のバランスがうまく取れず、思うように前に進めない。まるで水の中を走っているような感じだ。

停電はまる一日半続いた。情報が途絶えてしまったのは予想外の出来事だが水もガスも供給されていた。

夜はカンテラやヘッドランプで凌ぐことができた。山小屋泊りで暗闇は経験済みだし、寒さも食べ物にも慣れている。アウトドア用の装備も豊富にあったので、あせりはなかった。困ったのは情報が遮断されてしまったこと。電話もメールもテレビもダメ。ラジオしかない。「何とか町、全滅」というニュースの絶叫を聴いて、「全滅って何?」と、意味がまったくのみこめない。街が全滅なんていうSF小説のようなことがあるのか。アナウンサーは日本語を間違えている。別の表現があるだろッ、と怒鳴りつけたかった。

電気が通り、テレビを見て、津波が町をのみこんでいく映像に戦慄を覚えた。これが「全滅」の正体だったのか。アナウンサーは間違っていなかった。

地震から三日後の一四日、無明舎は普通通り仕事を再開した。でも肝心の物流が壊滅しているので、まったく仕事にならない。

必要な本を入手するため、なんと秋田空港まで航空便で荷物を取りに行く。こんなことが日常になる世界を想像したことすらなかった。

一九日、うちの著者の出身県は秋田県以外では宮城県の人が多い。その仙台から「無事です」という連絡が昨日あたりからはいりはじめ、少しホッとする。

二〇日、近所の大きなスーパーに行列ができていた。物がないのは大手チェーンの一律配送システムのせいで、地場産（秋田）の食品はちっとも不足していなかった。ただしガソリンだけは「地場産」がないからどうにもならない。

二二日、本を読みたくてもアマゾンでは「東北方面はダメ」と拒否。本の注文があっても宅配業者は集荷に来てくれない。ガソリンの問題のようだ。郵便局のレターパックという便が今のところ唯一の頼りだ。

二三日、並ばなくともガソリンも牛乳も手に入るようになった。問題は本の物流で、いまだアマゾンはダメ。市川の物流倉庫が機能していないようだ。取次は仙台支店の被災がネックになり、全体が回っていない印象だ。仙台の情報が入らずに東京が混乱している、という構図だ……。

二〇一一年三月十一日の東日本大震災は未曽有の大災害だった。しかし日本海側の秋田県は太平洋側の東北各地に比べれば被害は「微細」といってもいい。

地震の公的な名称が「東日本大震災」と決まり、そのため多くの県外の方々から「東北の被害者の一員」としてお見舞いをいただいた。西日本の人たちから見れば「東北」というくくりは、地理的に最小限の認識で、石巻も秋田も気仙沼も、同じ東北のくくりにある地域に違いないが、心苦しさもあった。

阪神淡路大震災の経験から神戸の精神科医・中井久夫氏がこんなことを書いていた。

「北関東以北の県名を全部言える神戸の同僚医師は珍しく、東北とそれ以外の日本にひどい賃金格差があることをはじめて知った」という。「日本に（東北という名の）中国があった」ことが、西日本出身の中井氏には大変なショックだったそうだ。

そういえば明治二九年（一八九六）の三陸地震津波で、被災地の救援活動でもっとも困難を極めたのが「迷信」と「方言」だったそうだ。「巫女（ふじょ）の妄言」を信じて、近代医学の赤十字の治療を拒んだ人や、患者の方言が救援医師にほとんど通ぜず、「通弁（通訳）を要する」と治療をやめてしまう赤十字関係者までいたという。当時の明治政府中枢は多くを薩長人が占めていたから、東北を「東の奥の辺僻」「未開の蛮族」ととらえる風潮がいまだ根強く、中央から派遣された赤十字社の医師はまるで「獣を治療」するように患者に接し、国庫の補助も微々たるもの。自然災害の前にすでに社会的差別があった、と河西英通著『東北――つくられた異境』（中公新書）には記されている。

ちなみにこの三陸津波の約十年後、東北の方言は国の矯正対象になっている。『視話応用東北発音矯正法』という本まで出て、後に東北の村を独立させてしまう小説『吉里吉里人』を書いた井上ひさしは、「とうとう方言を話す人間を肉体的欠陥者にしてしまった」と憤慨している。国にすれば近代化のため全国の方言を統一し共通言語（標準語）をつくる必要があった。担当者は「標準語」の基礎に、まずは薩摩弁と長州弁を柱にすえた共通言語を模索する。その過程で唐突だが「秋田弁」も加えようという意見まで出たという。賊軍である東北各藩の中で孤軍奮闘、薩長のためにたたかった官軍秋田への論功行賞である。しかしこれは「秋田弁はズーズー弁、賊軍どもの言葉と大差ないから、まぎらわしい」と横やりが入り、秋田弁の標準語化はあえなく消えてしまう。これは明治七年（一八七四）の「全国統一話言葉制定」の過程をユーモラスに描いた井上ひさし著『國語元年』で知ったことだ。

大震災と方言と差別……時代はたいした進歩を果たしていないのかもしれない。

震災前後の書店・図書館・地方出版

東日本大震災の時、ひとつ心に決めたことがあった。

この機に乗じた「災害本」を出すのは控えようと思った。たぶん、ものすごい数の災害関連本が、東京を中心にした出版社から「緊急」に刊行されるのは間違いない。その「流行」に乗るのだけはやめようと決めたのだ。同じ東北の人間として、天と地ほども被害格差のある私たちが、被害者面をして本を出すのは、本当の被害に苦しむ人たちに申し訳ない、という気持ちが強かった。

後日、様々な出版社から出た「緊急出版本」には予想通り、石巻市が岩手県だったり、気仙郡を宮城県と表記している本が堂々と市場を闊歩していた。

大地震の影響は思ったよりもずっと激しく、大きく、長く、わが身にも降りかかり続けた。

長い目で見るとわかるのだが、この二〇一一年を境に本の売れ行きや出版依頼、書店数など、活字にかかわるすべての数字がゆっくりと衰退と減少のカーブを描き出したのだ。

いや、この前年あたりから、すでに活字の周辺での異常は、図書館などのデータを見る限り、顕著になり始めていたようだ。

私たち地方出版の本を専門に取り扱う取次・地方小出版流通センターの定期通信に興味深い記事が載っていた。日本経済新聞（二〇一二年一二月八日号）の記事の引用なのだが、これによれば二〇一〇年度に全国の公共図書館が貸し出した本は国民一人当たり五・四冊、これは過去最高記録だそうだ。貸し出し冊数合計は六億六千万冊。二〇一一年度、二〇一二年度は更に増えていて、これは高齢化が進み余暇を図書館で過ごす人が増えたことが要因だという。

「団塊の世代の大量退職が始まり、空いた時間に（借りたか買ったかして）本を読んで過ごす人が増えた」と文部科学省調査企画課は指摘している。今後は本を借りて読む人は更に増えて、買う人は更に減少していく趨勢に歯止めはかからない。ちなみに二〇一二年の書籍販売部数は七億二三三万部。その九割ほどの冊数が借りられている計算になる。

確かに私の山仲間たちからも、「この間の新刊、図書館で借りて読みました」という言葉をよく耳にするようになった。団塊の世代は図書館に引きこもって、消費活動に興味を失ってしまったのだろうか。

さらに書店調査会社「アルメディア」の調査によると、二〇一二年五月時点で全国自治体の一七パーセントに当たる三一七市町村が「書店ゼロ」になったという。五年前より八市町村増えているが、特筆すべきなのは書店ゼロの「市」が四つもあることだ。このなかには〇六年に伊奈町と谷和原村が合併した茨城県「つくばみらい市」も入っている。人口が五万人弱、〇五年に開通したTXで都心の秋葉原まで最速四〇分というア日本全国で毎日一店以上の書店が消えていく。

全国の書店数はこの一年間で三六五店が消えた（一二年五月一日現在）。毎日一店が消えている計算だが新規出店もあるわけで、それも計算に入れると一日一店以上の書店が消えている。ちなみに秋田県の二〇一二年の書店総数は一三〇店、去年は一三四店だったので、一年間で四店減っている。そんな中、六月の潟上市に続いて九月にも湯沢市に三〇〇坪クラスの大型書店「ブックスモア」がオープンしている。本が売れない時代になんで？　と不思議に思われる方もいると思うが、これは書籍チェーン大手の丸善が地方書店の運営支援のために出店したもの。純粋な民間経営の書店とはちょっと違う。経営母体は自動車メーカーのトヨタで、いわば丸善とトヨタの地域経済支援の「文化メセナ」なのである。丸善傘下の書店なので「ジュンク堂潟上店」や「丸善湯沢店」という書店名をつけることも可能だが、この県内二店はトヨタ系なため「ブックスモア」という書店名になったのだそうだ。

「市」にも書店がない、という異常な状況は今後も増加する一方だろう。書店経営というビジネスモデルは、すでに成り立たない社会的局面にある。近代日本の知識やその情報回路、文字表現の消費構造や文化、娯楽の意味が、IT中心社会の出現で、もうはっきりと変容しつつある。活字は娯楽や文化の王様ではなくなっているのだ。ここをしっかりと見据えないと傷口はどんどん広がる一方だ。ちなみに「ここ五年でなくなった市町村の書店データ」の中には、秋田県藤里町も入っている。

印刷所のこと

二〇二三年現在、出版物の印刷をお願いしているのは東京の大手印刷所である「シナノ」という会社だ。もう十年以上の付き合いになる、池袋に本社のある書籍専門の大きな印刷所である。ここに印刷データ原稿を入稿する前に、原稿を編集、整理、データ化のための作業が必要になるのだが、この製版作業は秋田市の三浦印刷という小さな印刷所にお願いしている。三浦印刷はうちから送られたデータ原稿（あるいは生原稿）を「インデザイン」というDTPソフトで印刷用にページレイアウト、そのデータを印刷・製本のためにシナノに送る、という工程だ。

ちなみに無明舎の歴史の中で、秋田県内の印刷業者と仕事をするのは極めて珍しい。

こうした現在の印刷所と仕事するようになるまで、過去には三、四度、印刷所は替わっている。

出版をはじめてすぐのころ（第二作目あたりから）、知り合いから「山形市に大手で安い印刷所がある」とアドバイスを受け、山形市のF印刷を紹介された。

当時、東北では秋田県は「印刷不毛県」として有名で、書籍印刷ができるような設備を備えた大きな印刷所は皆無だった。と同時に同じ県内の印刷所をつかうことによって、県内の同業者たちにこちらの企画情報が洩れてしまう危惧もあった。できれば印刷所は県外のほうが都合いいと思っていたので、渡りに船と山形市のF印刷に仕事をゆだねることにした。

以後三十年以上にわたってF印刷との付き合いは続くことになる。だからF印刷の手になるわが舎の出版物は五百点をゆうに超える。

出版をはじめて二十年もたつと、毎月の出版点数は三～五冊ほどになった。Ｆ印刷一社だけでは手に負えない点数にまで増えてしまった。そこでもう一社、岩手・盛岡の大手印刷所Ｋ印刷にも仕事を依頼することにした。ここは自社で出版も手掛けていて、なかなか味のあるいい本をつくる、社長がユニークなキャラクターの会社だった。

こんな状態だったので九十年代は毎月のように山形市や盛岡市に出張していた。現在のようにコンピュータによるＤＴＰ（デスクトップ・パブリッシング）システムではなかったので、生原稿から完成品（製本）まで一括して一つの印刷所が処理していた時代だ。

二〇〇〇年代に入ると青森・黒石市にあるＰ製版という製版会社でデータ原稿を作り、印刷・製本もそのＰの関連会社のある東京の印刷所で印刷する体制に移行した。山形も盛岡も図体が大きいので小回りが利かないのが最大の難点だった。と同時に売り上げが上がるにしたがって、Ｆ印刷やＩ印刷の残債が減り、特定の印刷所に縛られることなく自由に製版所や印刷所を選べるようになったこともある。

盛岡のＫ印刷とは十年ほど付き合いが続いたが、残債がなくなると同時に青森のＰ製版にメインを移した。Ｐ製版はもともと本社が東京にあり、そこの製版部門として青森で独立した。印刷・製版は東京の系列会社に流れる分業体制で、ここには二〇〇〇年代に入ってから一五年ほどお世話になることになる。

経営が不安定な出版社に銀行はなかなか融資をしてくれない。でも印刷所は次の仕事さえ継続してくれればある程度の残債額には目をつぶってくれる。これをいいことに甘え続けるといつの間にか印刷所への借金は雪だるま式に増えていく。

事実、Ｆ印刷と仕事をし始めて一五年ぐらいで、うちには三千万円近い残債があった。当時はすべての印刷物をＦ印刷所一社に頼っていたのだが、社員四人の零細出版社にとって三千万円という額は、考えただけで頭がクラクラするような巨大な数字だった。

やむなく手形に頼ったことも何度かあった。その昔、父親が親族の小さな建設会社で働いていて、毎月のように手形の支払いに呻吟していた様子を少年時代に見ていたため、「どんなことがあっても手形だけは切るまい」と強く思っていたのだが、そんな願望は現実の前で何の力も持たなかった。

印刷所の借金を返すために企画を考え、その本が売れなければ、さらに別の企画を出し、それもまた売れず……といった悪循環の真っただ中でもがき苦しんだ。しかし視点を替えれば、そうした無茶な挑戦ができたのも、印刷所が新刊を出し続ける限りは過去の残債を猶予してくれるという、出版界には古くから残る因習があったためともいえる。零細地方出版社にとって印刷所は銀行の役割も果たしていたのである。

しかし印刷所の借金を返すために本を出す、という繰り返される泥沼の危機から脱するため、意をけっしてF印刷の残債を十年計画で返済することに決めた。

そして〇八年、ついに残債はゼロになった。

この段階で、はじめてF印刷をわが舎の印刷所として除外することができた、とも言えるのかもしれない。

残債が消えて付き合いがなくなった三年後の二〇一一年二月、そのF印刷が突然倒産した。いや正確には国の再生機構に支援要請をした。従業員三七五人、負債総額は三六億、ベトナムや中国、埼玉の工場を閉鎖し、リストラを進め再生を目指す、という記事が新聞に出た。三十年以上付き合いのあった印刷所倒産のニュースを、関係者からではなく新聞報道で知ることになったのである。F印刷所は、付き合いはじめ当初は社員百人そこそこの、アットホームな若々しい元気に満ちた会社だった。それが九十年代から拡大路線を走り始め、先代社長から経営が息子にバトンタッチされると、大連やベトナム、首都圏にまで工場を作り、手を広げ始めた。不相応な拡大路線や無計画性に遠くから危ういものを感じていた。

こうした過去の様々な印刷所との付き合いの経験から、印刷所への支払いは即金、残債のない現金払いの関係がベストなことを痛感した。

書く仕事と自分の本

『中島のてっちゃ』（一九七六年・無明舎出版）
『雲つかむ夢―ある野の発明家の生涯』（一九八二年・無明舎出版）
『ひとりぼっちの戦争―阿仁マタギ殺人事件の銃座から』（一九八四年・無明舎出版）
『広面んだんだ通信』（一九八九年・無明舎出版）
『毎日がコメ騒動』（一九九〇年・平凡社）
『頭上は海の村―モデル農村・大潟村ものぐさ観察日記』（一九九一年・現代書館）
『広面かだっぱり日記』（一九九二年・無明舎出版）
『力いっぱい地方出版』（一九九三年・晶文社）
『少年時代―雪国はなったらし黄金伝説』（一九九三年・無明舎出版）
『石井さんちのおコメ』（一九九四年・朝日新聞社）
『なっちゃんの家』（一九九六年・女子パウロ会）

『ビーグル海峡だ！―南北アメリカ徒歩縦横断の記録』（一九九七年・女子パウロ会）
『田んぼの隣で本づくり』（二〇〇〇年・日本エディタースクール出版部）
『舎史ものがたり』（二〇〇二年・無明舎出版）
『食文化あきた考』（二〇〇二年・無明舎出版）
『ババヘラの研究』（二〇〇一年・無明舎出版）
『「学力日本一」の村―秋田・東成瀬村の1年』（二〇一八年・無明舎出版）
『秋田学入門』（二〇一九年・無明舎出版）
『続秋田学入門』（二〇二〇年・無明舎出版）

無明舎を起ち上げてから、これまでに自分が書いた著作リストだ。

個人名ではなく「無明舎出版編」という名前で書いた本も多数あるが、それはまた別の話。

地方出版の大きな悩みは出したいテーマがあっても、それに適した著者がいない。プロの物書きがいないから、いきおい自分で書いてしまう。あるいは複数の書き手を集めて本を編んでしまうという手法がこのまれるのも、そうした舞台裏の事情のせいだ。

リストのうち半分は無明舎出版以外から刊行されたものだが、これは執筆依頼があったものだ。

それ以外には書き溜めたブログや個人通信、舎内報や新聞連載などを編んで一冊にしたものが多い。

執筆機会が最も多い媒体は朝日新聞秋田県版だ。

ここととの付き合いは九九年一〇月、千字程度の「あきた随想」というコラムを依頼されたのがはじまりだった。連載といっても二カ月に一度くらいの頻度だったが、〇三年五月まで続いた。このコラム連載が終わると翌〇四年九月から週一回の連載で「食文化あきた考」が始まった。週一回二千字近い原稿を約三年（〇七年六月まで）にわたってひとりで書き続けた。

この長期連載が終わると、今度はすぐに「あきた随想」と同工異曲の「あきた時評」がはじまった。これは月一のペースでやはり千字程度の時評コラムを書く仕事だった。この「あきた時評」は一三年九月まで続いた。

ここからは二年ほどは何もなく一五年五月から「あきたを語ろう」というコラム連載が始まった。

これは現在も続いているのだが、朝日新聞とはなぜかウマが合い、二十年以上途絶えることなくコラム原稿を書き続けていることになる。リストにある『秋田学入門』や『続秋田学入門』は、この朝日新聞の連載を編んで一冊にしたものだ。

不定期ではあるが日本農業新聞では書評欄を担当させてもらっている。最初は集中連載の書評だったが終了後も年に三、四回ほどの割合で、自分の気に入った本や編集部から要請のあった本の書評を七百字程度にまとめる仕事だ。

こうした新聞連載以外にも、ほぼ二十年間にわたって毎日、無明舎出版の公式ＨＰに「今日の出来事」というブログを書いている。四百字内外の身辺雑記の日記だが、書くことが一日の重要な日課になっている。同じくＨＰブログには「1本勝負」という書評欄もあり、これも二十年以上欠かさず書いているから、もう千回を超える長期連載になる。

地方では原稿を書く仕事のほかにも副業的な仕事として「講演」というものがある。秋田のような人口の少ない小さな県でも講演依頼というのは市町村単位なのでけっこう頻繁にあるのだ。うちの著者でも「本を出すのは講演依頼が欲しいから」と言い放つ人もいるほどだ。地方出版では印税はほとんどもらえないが、本を出せば講演依頼が半年間ほど続くので、そこで印税分を稼いでしまう。

私も講演依頼があれば断らないようにしているのだが、講演料の相場は一回九十分で二万円前後。その場で「本を売る」ことを条件に引き受ける。講演後、「サインでも何でもしますから、本を買ってください」と本屋に変身する。

著者が目の前でゴリ押しすると、本はよく売れる。講演料よりいい収入になることも度々だ。

大学の非常勤講師という副業もある。

五十歳前後の八年間ほど、近くにある私立大学で講義を受け持った。講師料は講演同様、地方では雀の涙だが、若い人と接する機会が少ないので新鮮な刺激をもらえるのがうれしい。

六十代の中頃には五年ほど仙台の私立大学でやはり非常勤講師を務めた。テーマは「地域社会論」で、地域の歴史や文化の大切さを身の回りから学んでいこうというコンセプトの授業だった。

しかし、講演といい非常勤講師といい、華やかな言葉とは裏腹に、副業は金銭的な豊かさとは無縁の世界である。

3　山歩きに癒されて

山歩きの日々

三十五歳のころだから一九八〇年代中盤、このころから真剣に自分の健康について考えるようになった。ちょうど長男が生まれ、十二指腸潰瘍でひと月ほど入院した。仕事上のプレッシャーやストレスによるもので、暴飲暴食や運動不足による肥満も原因の一つだった。このままでは仕事どころか身体がダメになる、と体質改善も兼ねて近所のスポーツクラブに通うようになった。

筋トレやストレッチだけではすぐに飽き足らなくなり、エアロビクス・ダンスを始めた。

見事にはまった。意外にもダンスが自分に合っている運動だったことを新発見したわけだが、男性のレッスン生徒は自分しかいないという希少価値もあった。大勢の女性陣に混じって男一人というのは、思っていたよりも居心地のいい空間だった。

歩いて三分の場所にあるスポーツジムで汗を流すと、ストレスは吹っ飛び、困ったことに夜の食欲は増した。だからやせはしないのだが、気分転換やストレス解消の効果は確かにあった。よほど性に合ったのだろう、その後もエアロビ・レッスンは二十年ほど続いた。

エアロビから足を洗ったのは「山歩き」とであったからだ。

東京事務所が三年ほどで挫折し、私自身が五十五歳になったころ、秋田市河辺にあった「山の學校」という登山サークルに入った。「山の學校」の校長・藤原優太郎さんはうちの著者でもあり、友人でもあった。「著者と編集者」の関係だったが、山に登るときは「先生と生徒」に立場は変わった。

最初の山歩きは、今もはっきりと覚えている。

五月のゴールデンウィークに、まだ雪の残る男鹿三山に登った。途中から激しい雨嵐に襲われて散々な初登山だったが、その達成感に新鮮な感動を覚えた。

ここから月に数度、「山の學校」のメンバーとして県内の山に登りはじめることになった。

山歩きの楽しさはピークハントの達成感や爽快感だけではない。下山してから温泉で汗を流し、汚れた靴や雨具を手入れし、次の山行の準備をする。登山の前後も楽しかった。

ふだんの食事にも変化が現れた。山では食べ過ぎると動けない。腹八分目が基本だ。天候にも敏感になった。レインウエアーを着て雨の中を散歩するのが好きになった。雪山の素晴らしさに魅せられ、冬や雪が好きになり、積極的に「寒さ」を楽しめるようになった。山小屋で寝泊りした経験から雑魚寝や汚いトイレに抵抗がなくなった。仕事場でもひんぱんに水分をとるようになった。もともと通風のケがあるので（尿酸値が高い）、医者に「水分をとるように」と言われていたから一石二鳥である。日常生活では寒暖に敏感になった。山では重ね着が基本で、それで体温をコントロールする。普段から重ね着を心がけると、微妙な寒暖を察知できるようになり、おかげで風邪をひかなくなったのも山歩きのおかげだ。

自分の身体的欠陥を知ったことも大きい。長時間歩くと脚にすぐにケイレンが起きる。山中では手足が極端に冷えて感覚がなくなった。自分は暑がりだとばかり思っていたが、実は寒さにも弱かった。

年間で三十座ほど山に登った。秋田県内の山がほとんどで半分は雪山である。案外知られていないが、秋田の山歩きは冬がベストシーズンなのである。冬山は登山靴や長靴に「かんじき」や「スノーシュー」を履くのが基本装備だ。雪山の素晴らしいところは登山道がなくても登れることだ。でも危険もいっぱいだ。高い山（千m以上）の冬期登山は初心者には無理。低山であること、登山口までのアプローチと駐車場が除雪されていること、この二つが最低条件である。

自分の登る山頂や、山頂から麓の人里が、目視できるぐらいの低山がほとんどで、吹雪で視界不良になっても道に迷う心配はない。

誰も歩いていない、まっさらな雪道を息きらせながらラッセルするのは、いわく言い難い快感だ。徐々に身体が自然のリズムに同期して、身体のなかに雪山の清冽な空気がしみ込んでくる。動物たちの息吹も身近に感じる。雪上にはリスやウサギ、タヌキやカモシカの足跡がくっきり残されている。ここは彼らの世界で、私は侵入者に過ぎない。冬眠に入ったクマと出遭わなくて済むのも雪山のアドバンテージだろう。クマのいそうなうっそうとし森の中に入っていけるのも雪山ならではだ。前方に障害物はない。ヤブも石も倒木も雪の下に埋もれている。静謐な雪野原を歩いていると、「生きているだけで運を持っている」気分になる。

二〇一五年五月八日早暁、私に山歩きの楽しさを教えてくれた「師匠」の藤原優太郎さんが胃がんのため亡くなった。享年七十一、豊富な登山経験もさることながら、流麗な文章で地域の歴史や民俗の知識や素養の深さが山以外の読者もひきつけた。ご冥福を祈りたい。

「モモヒキーズ」のこと

五十歳をこえて仕事にも脂が乗り順風満帆な日々が続いた。

東京に事務所を設立したのは「働き盛り」の五十二歳の時だった。月に一回、自らが出張し業務をこなしたが、長く続かず三年半ほどの運命だった。

東京を引き払い、秋田に帰ってきたら仕事の心労や東京との往復生活の影響から右肩から首筋、左上腕部まで「ざくろ」のような真赤な亀裂ができた。痛みはまったくなかった。帯状疱疹だった。医者に過労とストレスが原因と診断された。

これも山歩きを始める大きなきっかけになった。すぐに山歩きにハマってしまい、毎週のように県内の山を歩くようになり、四季を通じて年間三十座はコンスタントに出かけるようになった。

山歩きの後の酒は無性にうまい。そのために山に行くようなものなのだが、実は「山の學校」校長の藤原優太郎さんは下戸で、山を下りると即解散、余韻も何もあったものではない。

これが私たち「呑み助」には物足らなかった。山を下りてからの打ち上げこそ登山の醍醐味、と信じる私は、下山後、ひとり行きつけの「和食みなみ」に駆け込んでは、おだを上げていた。

そんな気持ちを抱いていたのは私だけではなかった。同じような不満を抱えていた「呑み助」たちが周りにいることが分かり、山行後は彼らと打ち上げと称して一緒に飲みに出かけるようになった。ほぼ同年代の男女四人である。四人は山中よりも酒場の方が元気で、「もっともっと山に登りたい」と吠えながら酒量をあげていくのが常だった。そしていつしか自然に「山の學校」のスケジュール以外にも、この四人だけで独自に山歩きをするようになった。酒好きたちによる分派活動である。これが「モモヒキーズ」（私の命名）の始まりだった。

「モモヒキーズ」結成から三、四年後、ひとりの新人が参加してきた。

六十歳で定年退職後、地元・秋田に帰ってきたSシェフだ（料理が得意なのでこの命名となった）。四十年ぶりの生まれ故郷での老後なのだが、Sシェフは駐在員としてアメリカ（シアトル）赴任していた時期も長く、そこで本格的なアウトドアに目覚めたという。「山の學校」に入校したのはいいのだが、そのなかでコソコソと別行動をとって山行後に楽しそうに酒を呑んでいる我々を見つけ、彼のほうから積極的にアプローチをしてきた。

多趣味で無類の世話好きのSシェフが参加するようになると、呑み助ばかりの「モモヒキーズ」の行動に変化が現れた。ただひたすら山行後の宴会を楽しみにするだけの集団から、Sシェフの厳しい指摘や指導もあり、少しずつ背筋が伸びた山のサークルへと変貌していったのである。

優柔不断でだらしない私に替わってモモヒキーズのリーダーになったSシェフは、山行計画や登山中の安全対策、車の手配から山行後の温泉や宴席の予約など遺漏なく仕切り、すぐに誰もが認めるモモヒキーズの真のリーダーとしての地位を獲得していく。

もう私の出番はなかった。

モモヒキーズは規則も会則もルールらしきものもない、ただの呑み助集団だが、山歩きだけは真剣勝負で緊張感があった。会のモットーは「来る者は拒まず去る者は追わず」で、年初めにその年の山行計画が決められる。そうしたスケジュール管理はSシェフの独壇場で、すべて任せておけば安心だった。

現在まで十年以上、月二回、六名前後のメンバーが県内の山を歩き続けているのは、ひとえにSシェフのマネージメント力の高さによるものだ。

Sシェフの功績と影響は山歩きだけではなかった。料理大好きのSシェフの呼びかけで、私の事務所二階のシャチョー室を会場に料理勉強会や宴会、新作料理発表会が頻繁に開かれるようになった。

モモヒキーズのメンバーは男女半々だが、シャチョー室宴会では「鉄則」がある。最後の後片付けはすべて男性陣が担うことに決まっている。女性陣が食後のコーヒーをうまそうに飲んでいる傍ら、男たちは食器洗いに必死、というのが日常の風景である。これもSシェフの「アメリカでは普通のこと」という提案で決まったものだ。

二〇一三年一一月の無明舎出版創業四十周年の記念イベントは、このモモヒキーズメンバー十人が自主的に何度も打合せをしてボランティアとして裏方を務めてくれた。

「歩く」ことについて

散歩にエアロビ、山歩き……私が夢中になる運動は他者と優劣を競わないものがほとんどだ。

高校時代は柔道をやっていたが、練習は厳しく、格闘技の激しさや暴力的な上下関係、勝敗を争う競技の残酷さを十分味わい、もううんざりだった。人と競い合うスポーツや協調性を要求されるチーム競技も「もうけっこうです」という気分から、社会に出てからもスポーツとはずっと距離を置いていた時期が長かった。

それがエアロビックス・ダンスや山歩きで、すっかり汗を流すことに目覚めてしまった。

エアロも山歩きも基本は「歩く」ことだ。どちらも自分の性に合っている。苦痛や嫌悪を感じたらやめればいいし、自由気儘で、自己流で、親和性の高い自分のためのスポーツに初めて出あえたような気分だった。

生まれてから数年、実は私は「歩けない赤ン坊」だった。より正確に言えば四歳まで、普通の子どものように歩くことができなかった。伝い歩きやハイハイができる年齢になっても一向に「歩く」気配がなく、不安にかられた両親は何度も医者に連れて行ったが、原因はよくわからなかった。

三歳になったころ少しだけ歩けるようになったのだが、母と一緒に外出すると近所の人に、「歩き方がヘン。右と左の足の長さが違うのでは」と言われたそうだ。その近所の人の助言で、ある名の通った整骨院に行くと、整骨医は即座に「脱臼してますね」と診断したという。

あまりにもあっけなく病名が判明したたけだが、ようするに腰の骨がズレていたのだ。

今もってその原因はわからないのだが、たぶん無理な動きや転倒で脱臼し、痛みがなかったので時間が過ぎてしまったのだろう。病名がわかり病院に入院、腰の手術が行われた。術後は骨が固まるまでギブスで下半身が固定され、一年以上その状態で過ごすことになった。

自分用のギブスができてきて装着する日、おどろおどろしいギブスの形状に子供心にもショックを受け、「もう悪いことをしませんッ、ゆるしてくださいッ！」と絶叫し、医者に許しを乞いつづけたそうだ。

これは母の証言なのだが、なんとなくそのときの「恐怖感」は、今も身体の深いところにおぼろげな記憶として残っている。

ギブスの生活がはじまると、一日の大半を母親の背中に負ぶわれる暮らしになった。外に出るときは乳母車に乗るのだが、両足がカタカナの「ハ」の字に固定されているから、横向きに乗るしかなかった。乳母車から白く太い包帯に覆われた二本の足をニョッキリと突き出した姿は、人々の好奇心をそそった。家の中にはギブス専用のおまる（便器）や日常用具が置かれていた。そんなギブス生活がほぼ一年以上続いた……。

年を重ね、いま過剰なまでに「歩く」ことへの強いこだわりがあるのは、こうした幼児体験が根っこにあるせいなのかもしれない。

エアロビにしても山歩きにしても基本は「歩く」ことだ。尊敬する池内紀さんの本で読んだのだが、ヨーロッパでは歩き方が悪いと「親のしつけがなっていない」といわれるそうだ。理知的かどうかも歩き方で見る。歩く時に背筋が伸びているかどうかは、生きていく上でけっこう重要な問題なのだという。

足が衰えると脳も衰える。人間の身体の中で一番太くて大きい筋肉を動かさないと脳は活性化しない。だから「足の裏には知性がある」と言う格言もある。足が衰えてくると人は安易に情報に頼りだす。知性が鈍化する。

「歩」という字は「止まることが少ない」と書く。歩いているとき五感が冴え渡り、気分がよくなるのは脳が覚醒しているからだ。

「私たちの身体、それはあきらかに前に出ていくようにつくられている。目も鼻も耳も口も、手も足も性器までも、いっせいに前方を向いている。あらゆる地上の生き物の中で、これほどめだって前方優位につくられている物は少ない」と池内さんは書いている。

さらに「諸悪の根源は一カ所にじっとしていられないこと」というパスカルの言葉を引用し、「海のかなたに行きたがり、他の人の領分に入りたがる。戦争や人類の不幸は、そんな〈外への欲求〉から生じた。だから〈人間の本質は移動の中にある。完全なる平穏は死だ〉。安楽な〈家〉を出て、よそへ行きたがるのは生き物の本能」と続ける。

歩くと脳が揺すられる。そのことで脳は刺激を受け、頭の中に雑念やモヤモヤが生まれる。歩き続けて、そのモヤモヤをこえると、今度は何も考えなくなる。「歩く」とは考えることではなく、感じることだ。

その一方で、「歩く」ことを過大に評価し、「歩くことで美しい老後を」といった美辞麗句に池内さんは手厳しい。

「なんとそらぞらしいことばだろう。〈美しく老いる〉。老いは美しくない。〈老人は醜い〉壁に小さなヒビがはいるように、自分の中で少しずつ崩れていくものがある。ある日、それは一本の太い筋となって、一挙に私をなぎ倒すだろう」

池内紀は大好きな作家だ。東日本大震災の折、ファックスをいただいたことがあった。うちの本の書評を何本も書いてくださった恩人でもある。その池内さんも二〇一九年八月、七十八歳で亡くなった。

病気と健康

七十歳を超えたあたりから、めっきり酒が弱くなった。呑む機会も減ったのだが、食欲だけはいまも相変わらずなのは、よく意味が分からない。

朝はちゃんと食べる。昼はリンゴ・カンテンのダイエット食を、事務所のシャチョー室で食べる。

夜は夫婦二人で晩酌しながらの食事だが、ワインや日本酒、焼酎などをその日の気分にあわせグラスで一杯だけ飲む。夕食を早く済ませると事務所に戻り、仕事をし、野球や映画鑑賞。カミさんも同じようなもので、早めに夕食を済ませ、もうひと仕事するための区切りが「夕飯」になっている。

酒を呑みすぎると眠くなり、夜の自由時間が制限されてしまうのも、酒量が少なくなった理由の一つだ。デブ体質なので、小食を気取っても、けっきょくはどこかで補食しているのだろう。体重は年と共にじわじわと重くなる一方だ。

持病もある。「痛風」だ。症状が現れたのは五十代。それが六十代後半あたりで症状が出なくなった。それまでは一年間に三、四度は激痛に襲われていて、尿酸値を抑える薬を飲んでいただが、この五年間は薬を飲まなくても症状は出ていない。

経験者ならわかるのだが、痛風の痛みは尋常ではない。私の場合は左右どちらかの足首がかゆみのような違和感に襲われる。あ、来たなと思う間もなく、翌日は痛みで患部が腫れ歩けなくなる。五十代はもう慣れたもので、痛み出したらすぐに痛み止めの薬を服む。最近の薬の効果はたいしたもので三日間もあれば痛みは消える。

冷静に考えると、仕事が忙しくなり、飲酒の回数が増え、とくに出張中の電車の中やホテルで発症するケースが多かった。酒、ストレス、プリン体食の三位一体が原因とわかっているのだが、病魔は音もたてずじわりじわりと身体をむしばむ。魚卵系、内臓系、ビール系の食は遠ざけているのだが、痛風の一番の敵は「油断」だった。

健康診断では尿酸値の数字が一番の気がかりだが、いまは薬を飲まなくて症状は起きなくなった。

痛風以外では病気といえるかどうか「歯」が私的には大問題な部位だ。子供のころから歯が悪く、歯並びの悪さがコンプレックスだった。いまも月に一回ほどの割合で歯医者に通っている。これはもう一生歯医者とは縁が切れないのかもしれない。

先日、散歩中にクラっときて、瞬間フワリと意識が飛んだ。すぐに元に戻ったが、「そうか、こんなふうに意識がなくなり、あの世に行くのか」と汗が引いた。家に帰ってカミさんに、「どうせ死ぬのなら、ふっと意識が途切れ消えていくのがいい」と話したら、敵は負けず「ピンピンコロリが理想形だ」という。

いやいや、そんな都合よくいくものか。朝ごはんの時、夫婦とも食べものが痞えて咳き込むことが多くなった。逆流性食道炎のような症状を呈し、しばし箸を止める。現実的に死ぬとすればたぶんこの「誤嚥」あたりが一番可能性の高い死に方ではないだろうか。

日常的には薬のお世話にはなっていない。生まれてこの方、大病や身体にメスを入れる事態も経験していない。健康に生んでくれた両親に感謝するしかないのだが、わずかに健康法といえば朝に黒酢を五十CCほど、青汁に混ぜて飲んでいる。効果のほどはわからない「気分健康法」と勝手に命名して実践している。

父親は肥満で糖尿病だったが八十代後半まで生きた。母親に言わせると「酢を飲んでいたせい」という。それに影響され私も酢を飲むようなったのだ。散歩とこの朝の黒酢だけはどちらも二十年以上続いている。散歩や山歩き以外の健康法といえば、この黒酢といえるかもしれない。

七十歳を超えた今も食欲だけは旺盛だが、先日（七十二歳）、胃カメラを飲むと「逆流性食道炎」と指摘された。朝、むっくり起きてすぐに朝飯を食べるのがよくないようだ。

そこで朝ごはんを抜くことにした。昼は事務所でめん類などでかるく済ませ、夕ご飯はカミさんと二人、晩酌をしながらワインや日本酒を一杯だけ飲む。これでも体重はいっこうに減らないのだから、体質的にデブの体質なのは間違いない。

二〇二三年一月、健診の結果表が送られてきた。学生時代の成績通知表と同じで毎年この通知を見て一喜一憂するのが恒例行事だ。とはいってもその評価を全面的に信頼しているわけでもない。十年前は毎回のように再検査マークのついていた病名が、いつの間に消えている。ここ数年、劇的に数値が下がっていた尿酸値がまた上がり始めていた。血圧は一三三・九〇だが、指導区分が「F」（経過観察が必要）になっていた。私の年代でこの程度なら問題ないとうぬぼれていたのだが、これでもダメと言われれば、もう薬で下げるしかない。

この年になると健診結果に一喜一憂してもしょうがないのだが、どうしても年一回の「成績表」は無視できない。

二〇二二年度は、コロナ・ワクチンを5回、インフルエンザ・ワクチンを一回。胃カメラも二回のみ、歯医者には十回以上通った。病院が実に身近に感じた一年だった。

ここ数年、健康に重大な問題があったわけではないが、年とともに病院に行くことが苦痛ではなくなってきた。これが年をとるということなのだろう。「ちょっと病院に行ってくるわ」という会話が自然になり、歯医者はもう普段使いの近所のスーパー感覚だ。

身体へのちょっとした不快感への耐性が無くなっていくのが老化の正体なのだろう。

4 「ひとり」から「ふたり」へ

「四十周年」と「ひとり出版社」

東日本大震災の前年、企画営業部門の責任者として頑張ってくれたA君が退社。東日本大震災の際は舎員三名で混乱の中、仕事を続けることになった。そして一三年八月、長く事務を担当していたL女史が退社、その二か月後に嘱託のDも引退した。

数年前から「出版業界も厳しくなってきた。早めに転職を考えておいた方がいい」と、ことあるごとに伝えていたので、いわば想定内の事態だったので心構えはできていた。

二〇一三年秋、こうして無明舎出版は私だけの「ひとり出版」になった。

朝、出舎しても誰もいない。窓を開け、掃除をして、コーヒーを入れ、新聞を読む。静かだ。周りに人がいないので、プレッシャーもなければ緊張感もないのだが、やることだけは山積みなのだ。

震災後は注文だけでなく出版依頼そのものが少なくなっていた。

でも仕事のルーチンは変わらない。毎月、取引先に出す請求書や経理事務、税理史に提出するデータ作り、取次とのやり取り、注文の発送や倉庫整理、在庫補充……一人でこなすにはかなり十分すぎる仕事量だ。

さらにどれも、私にとっては初めて手掛ける仕事ばかりで、途方に暮れ、泣きたくなる気分の日々でもあった。でも誰かが処理しなければ仕事は前に進まない。しかし、どんなに忙しくなっても、もう舎員を補充する気はなかった。

「これからはノンビリ、ひとりで勝手気ままにやりたい」

と思って「ひとり」の選択をした。

まず最初に取り組んだのは四十年間で広げた取引先を縮小することだった。事業のダウンサイジングというやつだ。百五十近くあった書店以外の取引先（教科書販売会社や道の駅、お土産店や温泉場、スポーツ店など）を思い切って片手の数まで絞ることにした。

最重要と思われる大手だけとの取引に絞り込み大胆な効率化を図れば、ひとりでも仕事をこなしていけるはずだ。さらに目前に消費税の値上げが迫っていたので、消費税が上がる（一四年四月）前に、そうした効率化を終えてしまいたかった。そうした目に見える目標があったので、どうにか単調で不毛な事務仕事にも、気を張って集中することができた。

それでも業務縮小というのはなかなかにハードルの高い仕事だった。

毎日、出舎するやいなや、ひたすら取引先に手紙を書き、事情を電話で説明し、頭を下げる日が続いた。

こうして業務縮小の作業をどうにか一四年二月までに完了した。百五十カ所の取引先は本当に大手だけの「五カ所」に絞り切った。

事務作業はこれで格段に楽になったのだが、別の大問題も発生した。委託業務を中止すると同時に大量の返品が発生した。

これは迂闊にも想定外だった。毎日毎日、東北各地から返品の段ボールが事務所に届いた。他の作業は一時的にストップし、その返品処理作業に朝から晩まで忙殺された。とても一人でできる作業量ではなく、おまけに苦手な力仕事だ。夜は外に飲みに出る気力すらなくなるほどヘトヘトになった。

急きょ方向転換をすることにした。

新人は補充しない方針だったが一人ではどうにもならない。返品作業は溜まる一方なので、学生アルバイト（秋田大学新聞部）の力を借りることにしたのだ。

返品されてきた本の八割は「廃棄」するしかない。汚れ本なので市場には出せないものがほとんどだ。自分の造った本を「捨てる」作業に一人で向き合うのは辛いものがあった。だからますます仕事ははかどらない。学生アルバイトなら機械的に「本（物）を捨てる」ことに集中できる。

さらに返品にともない取引先から「過払い」の請求も発生した。

これからはひとり出版社で、無借金経営を心掛け、悠々自適の生活を……などと夢みていたのが、いきなり三百万円以上の「過払い清算」を迫られる羽目になったのだ。百五十の取引先を五つにまで縮小した、これがもうひとつの現実だった。これまで無借金経営を自慢し、ひとりになっても困らないと自負していたのだが、ダウンサイジングにも金がかかることまで予想はできなかった。

またまた銀行に頭を下げて、過払い金清算のための融資を受けることになってしまった。

こうしたバタバタのさなかに、創業四十周年を迎えた。記念行事などできる体力も時間も経済的余力もなかったのだが、記念になる本の出版だけは準備していた。秋田出身の作家・塩野米松さんに『もやし屋――

秋田今野商店の100年』（一三年十月刊）という「こうじ（麹）」の種菌をつくる人と会社の物語を書き下ろし依頼していたのである。

東日本大震災の影響もあり派手なイベントを行うことには抵抗があったので、塩野さん本を四十周年記念イベントの目玉にしようと決めていた。

この本の打ち合わせのため、塩野さんと打ち合わせを重ねる中、ある人物を紹介された。日本人で初めて世界八千メートル峰一四座を無酸素で完全単独登頂したプロ登山家、竹内洋岳さんだ。塩野さんが彼の評伝や聞き書き本を執筆している関係で、竹内さんは頻繁に秋田の塩野宅に顔を見せていた。その竹内さんが「四十周年には僕も使ってください」と願ってもない申し出をしてくれたのだ。

二〇一三年一一月九日（土）、秋田市・県児童会館で「竹内洋岳×塩野米松トークショー」（入場無料）を無明舎出版四十周年記念イベントとして開催することができた。

そして、このイベントの裏方を務めてくれたのが山仲間モモヒキーズのメンバーや「返品処理」係の学生アルバイトたちだった。

四十周年の記念イベントも無事終えた一四年三月、東京でフリーター稼業をしていた長男が秋田に帰ってきた。無明舎で仕事がしたい、という。

この突然の出来事で、私の「ひとり出版社」はわずか半年間で幕を引くことになった。

ひとりっきりで仕事をしたこの半年間は実に中身の濃いハードな仕事の日々だった。

身内とはいえ舎内に「新人」がいるというだけで、孤立感から解放され、すさんだ気持ちは潤いのあるものに変わった。絶体絶命の崖っぷちから、ゆるやかに広がる平原に舞い降りてきた心境といっていいのかもしれない。

教育や勉強を理由に、面倒な事務仕事は息子にやらせ、私個人はようやく自由に一人で外に出歩くことが可能になった。出張に名を借りた県外への旅行がこのころから一気に増えたのは現金なものだ。

このころ出版業界とはかけ離れた「異質」の友人たちとも巡り合っている。

これも一人出版社を卒業したおかげなのだが、出版とはまったく関係のない、関西のプロの料理人たちの食べ歩きグループに加えてもらうことになったのである。昔から知り合いの、ミシュランで星を持つ京都の料亭「梁山泊」の橋本憲一さんが主宰するグループに誘っていただいたのがきっかけだった。

一四年秋から彼等との交流が始まり、毎年のようにアジア各地への食べ歩きツアーや関西の食べ歩き旅行に同行させてもらった。出版の世界しか知らなかった田舎者の世界が一挙に広がった。

通信・ミニコミ・舎内報

コロナが日本中を席巻する二カ月前の二〇一九年十月、定期的に発刊してきた「季刊んだんだ通信」(〇七年四月〜二一年三月)が五十二号で休刊になった。理由は新刊点数が少なくなり、読者に提供する情報が少なくなったからだ。

「季刊んだんだ通信」は年四回、うちの本を買ってくださった全国の愛読者の方々に、封書で出している新刊案内通信である。〇七年に創刊号が出て十年以上続いた。ダイレクトメールの形をとった、いわばミニコミ広報紙なのだが、B四判二つ折りで、「仕事日記」やコラム、新刊情報や残部僅少本などをチラシ裏表にびっしり五、六枚も詰め込み、多いときには一万五千通ほどの部数を配布した。

無明舎にとっては販売、広告面でも重要な役割を果たした通信だった。この通信が出ると一挙に注文が増え、仕事がにわかに忙しくなる。郵送費や印刷代など、けっこうな経費が掛かったが、それに倍する売り上げも見込めた。

それを休刊にするには勇気がいったが、新刊そのものがないのだから、情報発信してもリターンが期待できない。存続には無理があった。

　秋田県で初めてのコロナ感染者が出たのが二〇年三月。このまま通信を出さず、読者との関係が途切れてしまうのは問題だと思い、二〇年八月に五十三号、翌年三月に五十四号の臨時増刊を出したが、それ以降は休刊が現在も続いている。

　この通信は印刷費や郵送費など、かなりの経費が掛けた宣伝媒体だったわけだが、実は無明舎はこの通信に限らず、創業時から手を変え品を変え、読者への発信を続けてきた。

　最初は出版専業になる前、「月刊んだんだ」（七四年一月～七六年八月）いうA三版三つ折りのミニコミ誌を出したのが最初だ。秋田市内のプレーマップ・マガジンで定価をつけた商業誌として書店でも販売した。発行部数は三千部で定価は百円、小さな広告をいくつか取り、これは二十二号まで刊行した。「けっきょく二年弱しか持たなかったの」と半畳が入りそうだが、二十二号が出た翌月、出版専業社として本の出版をはじめたので、発展的休刊というやつである。

　ミニコミ誌の発行は印刷所や書店との交流、関係を構築するために必要不可欠なツールだった。

　出版専業社になってからの十年間は、さすがに本業に注力していたので、ミニコミ紙どころではなかった。

　仕事に少しに余裕が出てきた十年後の八六年、ワープロとコピー機を使った「広面通信」（八六年十月～九二年十月）を発刊している。これも月刊で、身近な人や著者、出版関係者に配るための、いわば回覧板のようなものだ。ワードプロセッサーという便利な機械の登場で、印刷所や印字オペレーターの手を煩わすことなく、コピー機を使って印刷、手軽に自前でミニコミ紙が作れる時代が到来したのである。これはB４版二つ折りで百五十部ほど作って関係者に郵送し、七十三号まで出ている。あしかけ六年ほど続いた計算だ。

　これも休刊になったわけではなく、七十四号からはタイトルを「あんばい広面通信」（九二年十一月～九五年一月）と変え、アップグレイドして百号まで発行を続けている。パソコンのＤＴＰでミニコミ紙を作ることが可能になり、それまでのワープロ印字した版面を切り張りしてレイアウト用紙に貼り込み、コピー印刷するという面倒な作業がパソコン画面上ですべてできるようになったことが大きかった。

「あんばい広面通信」の百号以降の三年間は、なぜか通信やミニコミの情報発信は途切れている。理由はわからないが、たぶん猛烈に仕事が忙しくなり、情報発信どころではなくなったのだろう。

九八年の年末からは「舎内報んだんだ劇場」（九八年一二月〜二〇一〇年十二月）の刊行が始まっている。この冊子はこれまでのミニコミ紙と違い、表紙があり製本も本格的な「雑誌」だった。Ａ五版で平均五十ページの中綴じ製本の小冊子である。発行部数は三百部で、うちから本にするための「原稿ストック」のための連載締め切り用冊子である。一般読者は想定に入れず、あくまで出版企画を規則的に実現するための、執筆者の原稿を集めるためだけの雑誌だ。

プロの書き手のいない地方では、原稿を毎月少しずつ書いてもらい、その原稿が溜まったところで本にする、という作業が必要不可欠だ。執筆者の恒常的な確保や企画物の定期的な刊行を目指したもので、ＤＴＰや印刷技術の進歩もあり、この冊子は八号まで紙版を出した後、九号目からはウェブ版に移行し一四三号まで刊行されている。うちにとってはもっとも長期間（十二年間）にわたって継続した雑誌で、ここで連載された原稿の六割以上が単行本になり出版されている。

そして冒頭のＤＭ（ダイレクトメール）愛読者のための「季刊んだんだ劇場」は、このウェブ版の「月刊舎内報　んだんだ劇場」が続いていた〇七年四月から同時並行で発刊されたものだ。

無明舎出版のミニコミ紙や小冊子の発信・発刊は、こうして何十年も途切れることなく続いた。

このミニコミ発行こそが、無明舎の基底を支えたエンジンだったのである。

ブラジルの40年

出版の仕事をはじめて半世紀になり、千点以上の本を出してきた。この在庫の中にブラジル移民関連の図書が二十点以上ある。

なぜ秋田でブラジルの本なの？　とたびたび読者からは訊かれるのだが、秋田の地方出版社と地球の反対側にある国との結びつきに唐突な印象があるのは無理もない。

個人的にはこの四十年間で十回ほどブラジルを訪ねている。ブラジルの日本人移民を取材するきっかけは学生時代にさかのぼる。

学生運動華やかなりし七十年代初頭、私は秋田大学に入学した。ほとんど学校に行かず中退してしまったダメ学生だが、先輩には恵まれた。当時、鉱山学部の卒業生でメキシコやブラジルを舞台にフリーの鉱山技師として働いていた松村喬志さんと出会った。

松村さんは東京都の出身なのに海外から帰国すると秋田に「帰省」するほど、秋田を故郷のように思っていて、市内のアパートで暮らしながら次の渡航まで過ごす、ヘンな先輩だった。年齢は四、五歳上で、秋田もニューヨークもサンパウロも等価値なものとして行動するコスモポリタンな生き方は刺激的だった。学生運動で視野狭窄に陥っていた私にはじめて地球の距離感を教えてくれた人だ。

同じころ秋田県出身の海外移民（主に南米）の子弟を県費で秋田大学に留学させる制度が発足し、その第一回県費留学生としてやってきたのがサンパウロの日系二世ロベルト・大石さんだった。大石さんの父、喜義さんは五城目町出身で一九三三年（昭和八）、ブラジルに移民。以後、農業で貯めた金で独立、ガソリンスタンド経営や運送業で成功した。ロベルトさんはその父親の仕事を引き継いだ青年実業家だった。

同じ時期に秋田にいた松村さんとロベルトさんはすぐに意気投合、連れ立っては私のアパートや起業したばかりの無明舎の事務所に遊びに来るようになった。

ロベルトさんの洗練された国際感覚や、日本人の顔をしているのに外国人（日本語が話せない）というフシギな存在にカルチャーショックもあった。

この二人との出会いが、その後の私の生き方に決定的な影響を与えたのだ。

二人に出会った頃、私は秋田大学を中退し、いまの会社を起業したばかりだった。無明舎の仕事がどうにか軌道に乗りかけたころ、無性に世界をみたくなり、一九七七年、二八歳のときブラジルに二ヵ月間旅をした。この二人が住んでいる国に行きたかったのだ。

そして何度かブラジルに通ううち、ブラジルで生きる日本（日系）移民の歴史や文化に興味を持ち、その聞き書きを本にする仕事に夢中になっていった。

二十代に出会い七十代になった今も、サンパウロに住むお二人との友情と交流は続いている。

ブラジルに行くたびに、個人的にブラジル北部にあるパラ州トメアスーという「村」を定点観測してきた。

パラ州と言うとなじみがないが俗にいう世界の大河アマゾン川が流れる流域である。

そのパラ州にあるトメアスーという村は日本人が移民して作った村だ。

アマゾン川河口にはベレンという人口百五十万人を超す大都市がある。このベレンから南東方向に約二百キロ余陸路を入ると、広大な密林が切り開かれた村がトメアスーだ。

アマゾン移民はサンパウロなどのコーヒー移民から遅れること二十年、一九二九年に日本からトメアスー（当時はアカラ植民地と呼ばれていた）に移住したことに始まる。

二〇二〇年現在、ブラジルには日本人移民の子孫たちが百五十万人以上暮らしているのだが、もう六世まで誕生し、ブラジル社会に溶け込み、顔は日本人でも日本語を全く話せない人も数多くいる。

この百五十万人の日系人の中にアマゾン移民も含まれるのだが、アマゾン流域の日系移民人口は五万人ほど。日本にデカセギ（この言葉はすでにブラジル語になっている）に来たまま定住したり、サンパウロなどの大都市に移り住んだりする人が増える一方で、トメアスーから流域一帯に再移住した人たちも少なくない。現在、トメアスーには約千人、三百八十家族の日本（日系）人が暮らしている。トメアスーから始まったアマゾン移民は二〇一九年で移住九十年を迎え、この村の歴史と人と文化を、なんとエンエンと、この四十年間、取材してきたのだ。

いつかはまとまった本にしようと悪戦苦闘しているのだが、浅学菲才な私には手に余ることも多く、死ぬまでにこの村の記録を活字として残すのが、目下の最大の宿題である。

5 下り坂をヨロヨロと

死者たちの伝言

二十一世紀に入ると身辺の知人や友人たちの訃報に接することが多くなった。

そのたびに気分は落ち込んでしまうが、静かに受け入れて故人の冥福を祈るしかない。

訃報に接しても個人的には葬儀に出席することはほとんどない。葬儀に対して強い抵抗感というか、トラウマのようなものがあるからだ。

もう三十年近く前の九二年三月六日、工藤鉄治さんが肺炎のため秋田市内の病院で亡くなった。享年七十六。工藤さんは「中島のてっちゃ」と呼ばれた知的障害を持つ放浪芸人で、私はこの人の半生をルポして本を書き無明舎出版をスタートさせた。この本はよく売れたのだが、その恩義ある工藤さんが亡くなり、葬儀が秋田市近郊の生家で行われた。弔辞は小学校時代の同級生だという村の長老が読んだ。最前列で彼の弔辞を聞いていて、色を失った。

「あなたを利用して本を書き、二十万部も本を売り、大儲けをした許せない男がいます」

と弔辞ははじまった。「二十万部」「大儲け」「利用」という言葉が何度も繰り返され、私個人への執拗な誹謗中傷が続いた。故人を悼むというより、あきらかに私個人を攻撃することに軸足をおいた弔辞だった。

葬儀の直前まで、この長老は私が出席することを知らないまま弔辞をしたためたのだろう。あまりの暴言の数々に、しばらく笑って聞いていたが次第にいたたまれなくなり、逃げるように帰ってきた。

ご遺族は申し訳なさそうに玄関まで見送りに出てくれたのだが一刻も早くその場を去りたかった。

ちなみに本の正確な販売部数は一万部。二十万部とはどこから出た数字なのか。この「事件」以降、葬儀に参列するのが怖くなった。

それでも、「葬儀で罵倒される」という経験はなかなかできるものではない。これはこれで貴重な経験だったのかもしれない、と最近は前向きに受け止められる年齢になった。とはいっても知人の訃報に接するたび、この時の経験を思い出、葬儀を遠慮させてもらうことが今も続いている。

本書の略年表に死者の記載が多くなるのは二〇一〇年あたりからだ。

私自身が六十代に入り先輩たち（十歳以上うえの世代）がちょうど鬼籍に入った時期だ。思い出すままに関連のあった死者たちを追悼の意を込め列記してみた。みんな直接、間接を問わず、無明舎出版や私個人に大きな影響を与えてくれた尊敬する人たちである。

二〇一〇年、学生時代に何度も秋田でコンサートをしてもらった歌手の浅川マキ（67）さんが亡くなった。

何か事件があるたびに相談に乗っていただいていた弁護士の津谷祐（55）さんが突然、自宅への侵入者に刺殺されたのもこの年だ。

十一年は東日本大震災の年。装丁を担当してくれていた若いデザイナーのK君が突然自死。自殺率日本一という秋田県の現実が目の前に立ち現れた気がした。

一二年には大仙市出身の時代小説作家・花家圭太郎（66）さん。一ファンで会ったことはないのだが、人を介して原稿依頼をしようとしていた矢先の訃報だ。さらに十月、近所に住む川辺久太郎（93）さんが亡くなった。無明舎の本を欠かさず買い続けてくれた近所に住む〈奇特〉な老人で、「元気だがぁ」と杖を突いて、よく事務所に訪ねてきた。新刊が出るたび無条件に必ず買ってくれるのだから、本当にありがたかった。

同じ月、映画監督の若松孝二（76）さんが交通事故死。あまり知られていないが、若松さんは熱心な玄米食者で、縁があり秋田の無農薬玄米を何度かお送りしたことがあった。

一三年六月には母親の安倍ゆき（92）が、七月には農民運動家で尊敬していた高橋良蔵（88）さんが亡くなっている。九月にはブラジル・アマゾンで知り合ったエリザベス・サンダースホームの混血孤児・藤島トム（62）さんが名古屋で亡くなった。私の長きにわたるブラジル移民取材の原点になった人で、その死の二週間前、秋田に遊びに来て、いろんなところを案内したばかりで、本当に信じられない訃報だった。

十月には五味正彦（62）さん。新宿のミニコミセンター「模索舎」の創業者で、いろいろなことを教えてもらった尊敬する先輩だ。「就職しないで生きていく」ことを教えてくれた師匠のような存在でもあった。

一四年には演劇センター・黒テントの俳優・斉藤晴彦（73）さん。黒テントの秋田公演で知り合い、以後、ずっと親交が続いた大好きな俳優だ。

一五年は「山の學校」校長の藤原優太郎（71）さん。

一六年になると義母の菅原ミツ子（94）、七月には永六輔（83）さん。永さんは私のデビュー作である『中島のてっちゃ』の書評を初めて『話の特集』に書いてくれた人だ。同じく七月には秋田書房創業者で作家の簾内敬司（65）さん。彼は十年ほどで出版業をやめてしまったが、当時はよきライバルだった。八月はむのたけじ（101）さんが大往生。十月には岩波ブックセンター社長の柴田信（86）さんが現役書店員のまま亡くなった。

一七年一月には福岡の葦書房の元社長・三原浩良（79）さん。一八年四月には野添憲治（83）さん。七月には山口のマツノ書店（山口県）の松村久（85）さん、九月には作家の長部日出雄（84）さん。

一九年一月に「噂の真相」の岡留安則（71）さん。五月には作家の阿部牧郎（88）さん。七月三〇日には「天の戸」の杜氏・森谷康市（61）さん。八月にはドイツ文学者の池内紀（78）さん。十月には俳優の山谷初男（85）さん。

二一年一月には画家の安野光雅（94）さん。安野さんはＮＨＫ・ＦＭラジオの『日曜喫茶室』で御世話になった。三月には装丁家・平野甲賀（82）さん。九月にはパズル雑誌「ニコリ」の鍛治真紀（69）さん。

二二年になると二月に弓立社の宮下和夫さん（79）、三月にはカヌーイストの野田知佑（84）さん、六月にはコラムニストの小田嶋隆（65）さん。八月には面識はないのだがファンだったファッション・デザイナー三宅一生（84）さん。九月にはノンフィクションライター佐野眞一（75）さん。二三年になると一月に「本の雑誌」前社長の目黒孝二（76）の訃報が飛び込んできた。私の祖母は旧姓を「高松ゆき」といい、弘前市の北声社という書店が生家だが、この書店主・岩太郎の娘が目黒さんの母テルで、岩太郎の父・民蔵の妹が私の祖母ゆきだ。お互いの母方が親戚なのだ。

二月には大きな影響を受けた『逝きし世の面影』を書いた渡辺京二（92）さんも亡くなっている。

この何人かの方々の追悼文を新聞やミニコミ紙に書かせていただいた。工藤鉄治さんは地元秋田魁新報に、津軽書房の高橋彰一さんは河北新報、藤原優太郎さんは朝日新聞秋田県版、むのたけじさんは北海道新聞、鍛治真紀さんは地方小出版流通センター機関紙「アクセス」、平野甲賀さんは秋田魁新報、野添憲治さんは朝日新聞秋田県版、目黒孝二さんは秋田魁新報……といった具合だ。ご冥福をお祈りしたい。

中世の山城を訪ねて

コロナ禍で趣味の山歩きもままならなくなった。車に乗り団体で山に行くのがよくないのだそうだ。

そこで急きょ秋田県内の中世の山城をひとりで見て回ることにした。中世の山城といっても八百以上の城館が秋田で確認されている。全県市町村のそれぞれの特徴を（城郭規模、領主、古戦場、物語性など）を考慮して、四十カ所ほどをセレクトして四カ月ほどをかけて歩いた。

地方出版というのは限定的な出来事を記録する仕事なのだが、年を経るごと、「ますます狭い領域」（専門領域）に興味がいざなわれていくようだ。

六十五歳を超えたあたりから、「江戸時代の前の秋田は、どんな地域だったのだろう」と強く興味を抱くようになった。いわゆる「中世の秋田」である。江戸時代以前の郷土史料は極端に少ない。さらに秋田のように中世の大名がそのまま近世大名として居座らなかったところでは、人々の中世への関心は薄い。

一般的には藤原一族を母としない後三条天皇の即位（一〇六八年）から織田信長が入京（一五六八年）するまでの五百年間を「中世」と歴史家はいう。

天皇と武家があらゆる場面で暗闘を繰り返し、にもかかわらず日本の文化や伝統のほとんどがこの時代に胚胎し、貨幣経済や宗教（浄土宗）に目覚め、禅や能をうみ、個性あふれる日本人が育った稀有の時代が「中世」だ。

中世秋田の起点は源頼朝が仕掛けた平泉への攻撃、いわゆる「奥州合戦」（文治五年・一一八九年）だ。この合戦後から東北各地に関東武士団をはじめとする様々な武将たちが領地を安堵され（所有権を認められ）、県内にも城館を築くことになる。

中世がこんなに面白いとは思っても見なかったのだが、問題もあった。ひとり車で山城を訪ねるようになると、目的地にたどり着くまでが一苦労なのだ。ものすごい方向音痴である。忘れられたへき地の、地元の人すらもう近づかないような場所にある城館がほとんどだ。カーナビは全く役に立たない。

さらに山に入ってからも下調べした「縄張り図」（城館の間取り図）と実際の地形を読み合わせることができない。地図音痴なのだ。東西南北がまったくチンプンカンプンだから縄張り図が意味をなさない。

城郭の周辺で人と出あうことはほとんどない。クマの気配だけが満々と満ちているような城跡もいくつかあった。

人気のまるでない急峻な坂を登り、山頂（本丸）真下で突然、小学生ほどもあるドーベルマン風の黒茶色の犬に襲われたこともあった。近くに山菜採りの老夫婦がクマ除けの犬を手綱なし同行していたのだ。

それでもコロナ禍で無聊をかこっていた身に「山城」探検の旅は楽しかった。ヤブをこいでいく辺鄙な、近隣の人にすら忘れられた中世の遺構は、処女地のように輝いていた。

たまたまこの山城取材の最後が湯沢城址だった。

私が生まれ育った地だ。雪がとけ桜も満開となった四月下旬、その故郷の湯沢城址を歩いてきた。いまの市役所のある場所が古館山の登山口にあたり、ここに昔通った小学校があった。この山沿いには中学校もあった。その山が中世の武将・小野寺氏の支城のあった古舘山だ。山頂に主郭を置き、南東に馬場、北西に見張り台、北に二ノ丸を配した城郭だ。桜吹雪の舞うなか急峻な山道を登っていくとカタクリやイチリンソウの花が迎えてくれた。人気がないのに登山道はよく整備され歩きやすい。登り続けること二十分、本丸にたどり着いた。本丸への登り口には雪がまだ残っていた。本丸に標示板があった。

「湯沢城は鎌倉時代の建治三年（一二七七）、稲庭城主小野寺経道（つぐみち）が支城として築き、三男道定を配したと伝えられる。江戸時代の元和六年（一六二〇）に幕府の一国一城令により破却されるまで、城の主は小野寺氏、楯岡氏、佐竹氏と変わった。（略）文禄四年（一五九五）、最上勢の侵攻によって湯沢城が落城した時、城主小野寺孫七郎が一族や家臣とともに討ち死にした場所である」。

私の先祖は、山形・天童に小山家城という小さな山城を持つ山家師時という最上家の家臣だった。慶長八年（一六〇三年）、その天童から秋田の増田城主だった土肥道近を頼って移住し、その後、帰農、安倍姓を名乗っている。師時夫人が増田城主の姉であった縁からのようだ。湯沢城城主の楯岡満茂も最上の家臣だ。もしかすれば師時と満茂は同じ一門として面識や交流があったかもしれない。

こんな歴史など知るよしもなく、少年時代はこのへんをチャンバラごっこで駆け回っていた。

本丸からは登山道とは反対側の里に降りた。出発から約1時間、森の杉林が切れると、ゴールの見慣れた湯沢高校の校舎が眼前に飛び込んできた。

ボンクラ頭の高校生には、波乱万丈の中世の時間を詰め込んだ歴史ドラマが学舎の裏山で展開されていたことなど、知るはずもない。

私の小中高一二年間の学校生活は、まるまるこの古舘山周縁で営まれていたわけだ。半世紀以上の時を経て、自分の足でそのことを確認できた。

コロナと本の話

ヨーロッパでペストが大流行したころ、かの科学者ニュートンは、大学が閉鎖されたことによって、「私の発明、数学、そして哲学にとり最も素晴らしい時代だった」と語ったそうだ。

私もコロナ禍によって、秋田の中世の城郭巡りという、趣味を見つけることができた。

百年前のスペイン風邪では、秋田県下でも感染死亡者が四千五百人ほどいたという記録が残っている。感染者数は秋田一県で二十五万人に達している。

同じころに南米のエクアドルでは黄熱病が発生している。アメリカの医学研究所で学んでいた野口英世はいちはやく「野口ワクチン」を開発し、エクアドル人の英雄になった。しかし時間がたち科学が進歩すると、黄熱病の原因はウイルスで野口の発見した細菌ではないことが判明する。それ以外にも野口の華々しい発見のほとんどが「科学的根拠がない」ものとして科学史の中から消えていくのだが、野口の時代には電子顕微鏡がなかったのでウイルスは見えなかった。猛威を振るったスペイン風邪のさなか、野口英世の母はスペイン風邪の犠牲となって亡くなっている。

A・マクヴェティ『牛疫』(みすず書房)はマイアミ大学教授で国際関係史を専門とする女性歴史学者が書いた翻訳本だ。牛疫ウイルスはコウモリが保有していたものが牛の祖先の原牛に感染したものだ。牛疫は二〇一一年に根絶が宣言された。天然痘根絶に次ぐ偉大な人類の戦いの成果といっていいだろう。

この本でウイルスのことを学ばせてもらったのだが、意外だったのは、「牛疫と日本」との深い関係に多くのページ数が割かれていたことだ。

牛疫ウイルス根絶には三人の日本人科学者のワクチン開発が重要な役割を果たしていたのだ。最悪のケースは戦火のただなか、日本は牛疫ワクチンを「武器」として軍事利用を考えたことだ。二次世界大戦は食糧をめぐる戦争でもあった。食糧を自国のために確保し、敵国に与えない。これは戦争のセオリーだ。牛疫ウイルスの粉末を入れた風船を敵国まで飛ばし広範囲の動物を感染させる。風船爆弾である。これでアメリカの牛を壊滅させる計画だったが、東条英機の「報復で日本の稲がやられる」との意見を受け中止になったという。

こうして牛疫は世界各国の利害や事情に翻弄されな

がらも、科学者たちの研究や国際的な根絶キャンペーンで一九六〇年代、組織培養ができるワクチンが開発された。兵器化され、根絶された致死性の病原体の最後の百五十年間を克明に追った、実に面白い歴史学者の書いた科学レポートだった。

これもコロナ禍によって感染症に興味を持ったおかげで知ることのできた歴史的事実だ。

自宅の書斎には幅一メートル、高さ二・五メートルの書棚が三本ある。普通の単行本であれば千冊は収納できるスペースだ。

本は読んだ端から人にやるか、ブラジルに送るか、ヤフオクで売る。だから書棚はいつもスカスカだ。本を造るのが職業なので、本に囲まれた暮らしは逆に「うざったい」と感じてしまう。本にも本棚にも執着もこだわりもない。

ところがある日唐突に「書斎の本棚に自舎本だけを詰め込んでみよう」と思った。この五十年間に自舎で作った本で自分の書斎の棚を埋めてしまおうと思ったのだ。なぜそんなことを思いついたのか、いまだよくわからない。これもやはりコロナ禍の閉塞感がなせる業なのかもしれない。

本はいったん集めだすと欲が出る。ない本がわかると夢中で探し始める。倉庫をあさったり、古本屋をはしごしたり、友人に頼み込んだり、自舎本集めに歯止めがきかなくなってしまった。なんだか取り返しのつかないことにハマってしまった。

自舎本は当然ながらワンセットは会社応接室に保管保存されている。「持ち出し禁止」のタグを張り、専用書架に収まっている。でも万が一の時もある。自宅にもうひとセット予備保存しておくのもいいではないか、ぐらいの感覚だったのだろう。

結論を先に言うと全出版物の三分の二を集めるのは手もなく実現した。在庫に余分のあるもの、保管庫にストックあるものがあったからだ。あとの三分の一(約四百冊)が大変だった。保存用ワンセット分しか在庫のないものだ。

週末はこの自舎本蒐集のため古書店にせっせと通った。結果、百冊ほどの本を集めたのだが、自分のところで作った本を、その定価以上の値段で買うのは抵抗があった。私自身が書いた処女作の『中島のてっちゃ』が四千円もしたのはショックだった。当時は定価八百円のものだ。

青森の黒石にまで出かけたこともある。ここに印刷所があったからだが、ここでは手がけた本のほぼすべてを保管してくださっていたので一挙に百五十冊近くの本を譲っていただいた。ネットの「日本の古本屋」でもかなりの本を買った。長い付き合いの税理士さんや友人にも頼み込んで自舎本を分けてもらった。

そんなこんなで、九割方は集めたのだが、残りの一割が難関だった。冊数にすれば百冊ほどだが、これはまだ未達のまま現在に至っている。

毎日、自分の作った五十年間の本を、書斎で一望俯瞰できるようになった。朝起きて書棚を眺め手うっとりすることもある。「あれッ、あの本がなかった……」と気が付くこともあり、さっそくまた探索がはじまるという繰り返しだ。

その都度気が付いた「不足本」を補っていくしかないが、この作業は決して苦痛ではない。

リフォームと料理と

コロナ禍でスマホをやめることにした。いわゆるガラケーといわれるケータイ電話に鞍替えした。電話以外の機能はまったく無用なことに気づいたからだ。

スマホの解約はひと騒動だった。電話会社は、ただではやめさせてくれない。難しい専門用語を使い、気が付くといろんなオプション、ムダな機能上乗せし、使用料アップにやっきになった。ほとんど詐欺商法すれすれという印象で、もうこんなわずらわしい世界には近づきたくないというのが正直なところだ。

日々事務所にへばりついて仕事をしているのだから、

パソコンと固定電話があれば何の不自由もない。洪水のようなクズ情報から距離を置き、ようやく心穏やかな世界がもどってきた。

これもコロナ禍のおかげだ。

事務所が大好きで、一日中そこにいても飽きない。二階のシャチョー室には寝具もあれば大型冷蔵庫もあるし、十人ほどが会食できる大テーブルまである。料理の装備も万端整っている。

ここに一週間でも一カ月でも籠城できる自信が私にはある。事務所の隣が自宅なのだが、事務所でも家にいるのと同じように生活できるように、長い時間をかけて事務所の別荘化を構築してきたのだ。

とはいってもその事務所の老朽化も激しい。もう築四十五年というのだから、我ながら驚いてしまう。

わが舎は一九八〇年、教育学部や鉱山学部のあった手形の秋田大学の近所から医学部のある広面地区に新築、引っ越した。十五坪二階建ての新築社屋だが、四十年もたつとさすがに老朽化が激しくなった。シロアリが出現し、天井にシミが浮き出、階段の段差がきつく感じるようになった。

屋根は五年に一度はチェックしているし、外壁も何度か改装を施していた。転落防止用の階段手すりが必要になり、水回りや電気系統ももう耐用年数を切れかかっていた。毎年少しずつリフォームはしていたのだが、思っている以上にリフォームに時間と費用が掛かりだしたのは築三十年を経たあたりからだ。

事業を始める前は、リフォームのことなど考えたこともないのだが、会社が長く続くと、このリフォームというのが実は定番の高額出費のもとになることに驚くことになる。わが舎も毎年、必ずと言っていいほど、どこかの部分をリフォームし、工務店への支払いに四苦八苦する恒例行事が続いている。

コロナ禍になっても日常生活のルーチンはあまり変わらない。朝はいつも通り七時に起き、朝ごはんを食べ九時前に出舎。午前中はパソコン前でデスクワークをし、昼は自分で作ったランチ（いまはダイエット中でリンゴ・カンテン）を食べる。

午後からは一時間半ほど散歩に出て気分転換をする。図書館に行ったり、買い物も散歩の前後に済ませることが多い。五時には仕事を終え、家に帰って早めの夕食をとる。夕食後また事務所に戻り、残りの仕事をするか、暇なときは映画観賞だ。プロ野球中継がはじまるとそちらを見る。9時には家に帰り、風呂にはいって、十一時ころに本を片手に寝床に入る……。

こうした判で押したように変わらない日常だ。人が訪ねてくる機会も減ったし、こちらが外に出る機会もほとんどない。

週末は山行があると丸一日、家や事務所から隔離される時間だ。山行がない時は、カミさんの負担をなくすため、食事は自分で勝手にとることになっている。一人の時はもっぱら事務所で食事を作り、夜は自分のつくった常備菜でチビチビ晩酌する。月に一度は「和食みなみ」で家族食事会。外食はこの一回だけということが多くなった。

週末も事務所で料理を作ることが多くなった。お昼や晩酌のつまみをまとめて作ってしまうのだ。

昼食の定番であるカンテンをつくる。次はお米を炊き、おにぎりを作り、冷凍（五合）する。

卵は五個を目玉焼きにし、残り五個はゆで卵にする。ハイボールや紅茶用にレモン・スライスも作りまとめて冷凍しておく。

家の分と合わせて毎日食卓に上がるヨーグルトも私の自家製だ。一リットルの牛乳を最低三本は使う。ヨーグルト製造機で二十七度、七時間で三リットルつくる。好物のソーセージ炒めは輪切りにして焼いたものをタッパに保存する。これで酒のアテはばっちりだ。

豚肉ロースの生姜炒めも好物だ。ローストビーフも作る。肩ロースの塊をフライパンで焦げ目をつけ湯煎するだけだが、焼いた肉を一度じっくり寝かせるのがコツだ。最後の一品はポテトサラダ。火を使わずレンジだけで作るやつだ。人参もタマネギもジャガイモもチンして混ぜ合わせるだけ。これも家と事務所の兼用なので、ジャガイモ四、五個は使う。これがわがルーチンの常備菜である。

さらに年中作って保存しているのがジャージャー麺のミソ。ひき肉を甜面醤で炒めた甘ミソで、冷たいラーメンの上にかけて食べる。キュウリのみじん切りを散らすとおいしい夏の食べ物だが、私は一年じゅう食べても飽きない好きな麺だ。

食べたものをすべて手帳にメモするのも日課だ。もう十年以上続けている。食べたものが重要なのではなく、手帳の三日坊主化を防ぐために始めた苦肉の策だった。

最近は、前日の夕食献立を思い出すのが至難の業になってしまった。

おわりに

駆け足で後半の30年間を描いエッセイでつないできた。冷静に振り返ると、私も無明舎出版もけっきょくは「時代の子」でしかなかった、という虚しい結論に着地してしまう。

90年代初頭のバブル崩壊から現在まで、日本はゼロ成長経済が続き、いまも出口の見えない「失われた30年」の道を歩み続けている。

90年代以降に急激に進んだ経済のグローバル化とIT化の流れに対応できず、安売り競争に安住し、日本経済はいつのまにか世界の成長からひとり取り残されてしまった。

私たちの地方での小さな出版社の歩みもまた、その大きな日本の道筋をなぞるように後追いをしてきた歴史に他ならない。

過去の成功体験のおごり、最新技術への軽視、科学やデータを無視した意思決定など、日本衰退の要因はいくらでもあげられる。それもまた他人事ではなく、わが身をふりかえり、反省と悔恨に深く首を垂れるしかない。

その長く暗いトンネルの先に明かりはまだ見えない。迷走に迷走を重ねたコロナ対策も、日本がいまだ前近代的な要素を色濃く残していることを証明しただけだった。

そこで露呈した抑圧的で不寛容な社会に、一矢報いたいと念じながらも、無為に月日は流れ、自らの非力を痛感した3年間でもあった。

しかし、浅学非才の身で、どうにか半世紀、止まることなく歩み続けてこられたのは、支えてくれた多くの人々の尽力によるものだ。そのことに感謝して、本書をしめくくりたい。

第二章　前半の二十年ものがたり

1　雪紋の季節

「どうもこの社会と真正面から折り合っていくというのはできそうにないなア」

刑務所の独房でボンヤリとそんなことを考えていた。

一九七〇年七月、安倍は二十歳だった。

その年の六月十五日、秋田市でも大規模なデモがくりひろげられた。世界中の学生が反乱の嵐の中にいた。雪国の小さな大学でも例外ではなく熱い風が吹き荒れ、この日はふだんのデモの数十倍の学生が参加していた。

百人を優に超えるデモ隊の指揮者はなぜか安倍だった。デモや集会嫌いで通っていたのだが、この日は超党派のデモだったので、あえてノンセクトの安倍に声がかかったのだろう。激しいジグザグデモで機動隊と乱闘になり、先頭にいた七人がゴボウ抜きで逮捕された。

デモ隊のずっと先で、一人でデモ指揮をしていた安倍は乱闘にも巻き込まれず逮捕もされなかった。

数週間後、市内の飲食ビルの二階で酒をあおっていると背広姿の男に肩をたたかれた。

「公務執行妨害と道交法違反で逮捕する」

声と同時に五人ほどの刑事がドヤドヤと店に入り込んで来た。手錠をはめられ、待機していたパトカーまで酔客たちの中を見世物のようにひきずられ、秋田警察署三階の留置場に入れられた。

そこには三泊四日しかいなかったが、先に逮捕された仲間もいて賑やかだった。安倍の隣は大学劇研のヒョーキンな先輩で、ベケットの「ゴドーを待ちながら」の一節を朗々と演じはじめたり、夜中に収監されてくる酔っぱらいをからかったりとお祭り気分だった。狭くて部屋数の少ない留置場の大半を学生たちが占めていて一人が冗談をいえば全員が爆笑した。

看守（留置所でも看守っていうのかナ）もあきらめているようだった。

取調室は二階にあって、窓からは時々「不当逮捕フンサイ」を叫ぶ少人数のデモ隊が見えた。

取り調べの刑事は安倍自身にはほとんど関心を寄せず、数葉の写真をみせて、安倍と一緒に写っている小柄で目つきの鋭い男のことを執ように訊ねた。一カ月前に大学祭で公演した「紅テント」の唐十郎だった。彼は一体何者なのか、公安は、この河原乞食と名のる過激な男をマークしているようだ。

四日目から秋田刑務所へ移された。留置場が満杯なので、やむなくの措置である。留置場とはうってかわった厳しい看守の態度に「すぐ出れるさ」とタカをくくっていた甘さは吹っ飛んだ。

六畳間ほどの独房は天井が高く、すえた匂いがした。政治犯なので独房は覚悟していたが、接見禁止にはまいった。大杉栄をマネて外国語でも勉強しようと思っていたのだが、所内の図書しか読めない。しょうがなく井上友一郎という大衆作家の全集を何度もやけ読みした。

楽しみは五日に一度の入浴だが、入浴時間はわずか九分。安倍をのぞいて受刑者の大半はイレズミ者で、フロでは背中の淋しい安倍は何となく肩身が狭かった。

十日ほどして接見禁止がとけ、差し入れが自由に入るようになった。最初、白米の弁当を入れてもらったが、黒いムギ飯に慣れつつあった目にお米の白さは強烈で、「銀シャリ」というのが言葉のアヤでないことを実感した。

一日一回の面会も楽しみだった。

ある日、同じ時期に逮捕され、すぐに釈放された友人が面会に来た。お土産をもってきたという。何かなあ、と仕切板に顔を近づけると、おもいきり酒臭い息を吹きかけて笑って帰っていった。当時の全共闘運動にはこうした不真面目さや遊びが生きていた。糸井重里のコピーを「バリケードで僕たちが繰り返していた冗談を商品化したもの」と喝破した猪瀬直樹は確かに鋭い。

ポツポツと仲間たちが釈放されていったが、安倍だけは起訴されても保釈の気配はなかった。罪状は公務執行妨害と道交法違反だったが、「公妨」のほうは間違いとわかり、道交法一本での起訴だった。たかだか道路のセンターラインを越えたというだけで一カ月近くも独房に入れられていたのである。田舎の母からは「居場所が定まって、ちゃんと連絡がとれるので安心しました」という手紙が届いていた。

後でわかったのだが、一カ月近くも保釈されないのには法的な根拠があった。安倍は住所不定だったのだ。

ないアタマを絞り切って入った大学なのに、安倍はものの三カ月もたつと授業に出なくなった。十年一日の如く同じノートをオウムのように読み返すだけの講義にウンザリしたし、なによりも田舎ではちきれんばかりに自己増殖した憧れの「大学生像」とあまりにかけはなれた現実に絶望的な気分に陥っていた。

そして時を盛りと燃えあがる学生運動へと惹きつけられていった。といっても政治運動へ走ったわけではない。ベトナムや安保より安倍にはミニコミや実験映画、アングラ演劇や前衛ジャズといった文化フィールドのほうが魅力に満ちあふれていた。

この頃、大学が新築したサークル共用棟の一室を幸運にも確保することができた。運営委員が友人だったので強引に「社会科学研究会」という団体をデッチあげ、入れてもらったのである。十五畳は優にあるこの部室が安倍の生活と活動の拠点になった。六千円のアパート代をケチってこの部屋に引っ越してしまったのだ。この部屋で本を読み、ガリをきり、議論し、面白いイベントを考え、大学新聞の編集に熱中した。トイレットペーパーからソファーまで生活用品のことごとくは大学構内のものを失敬した（同じ構内だから移動しただけ、と信じていた）。困ったのは水道が離れていたことで、朝、ドテラ姿で顔を洗いにいくと登校中の学生たちに笑われたが、食費以外一銭もかからないこの部屋での暮らしは快適だった。

その快適さと引き換えに数カ月後、安倍は刑務所で

「住所不定のため拘留延期」というツケを払わせられるハメになったのである。

社会との違和感というかズレは大学に入ったあたりからおぼろげに意識していた。入学前から安倍は秋田市内の親戚の家に寝泊まりし、護岸工事のバイトで入学金や授業料を自力で支払った。もう一人前の大人になったつもりでブレザーを着て入学式に出席した。

母親につきそわれた学生服の新入生たちを見たときはショックだった。さらに「入学式粉砕」を叫ぶ三派全学連が入学式になだれこむ恐れがあるとのことで、控所に緊急移動する際、「職員やつきそいの方は一緒に行かないで！」と大学職員に新入生の一群から安倍だけ引き抜かれた。まだ十九歳の青年をつかまえて職員とまちがうとは……オレはオヤジかッ！。

田舎で純粋培養された「知的な大学生」像、「熱情に支えられた聖職＝教師」像は、実はこのへんからガタガタと崩れはじめていた。学校へはほとんど行かず、コロッケをかじって血を売りにいったり、五百円札をにぎりしめて歓楽街まで走って飲みにいったり、青春小説をなぞり、デカダンスを気どった生活だった。

唯一興味がもてたのは新聞部で、ガリ版刷りの「トートロジー」という個人評論誌のようなものもこの頃出版している。

憧れの教師になるのをやめ（というかなれそうもないので）活字の周辺でメシを食おうかと漠然と考えはじめていた。

身元引受人が決まり刑務所を出た。

地元の有力者で親戚でもあった引受人は、地元の新聞社に入れてやるから真面目に卒業するように忠告してくれた。

しかし安倍はもう「就職しないで生きていく方法」を考えていて、その提案を一顧だにしなかった。

大学にもどっても授業へ出ることはほとんどなかった。構内のサークル部屋には毎日通っていたが、安倍にとっての学校は大学ではなく毎夜出没していた歓楽街や本の中にあった。

貧相な心の窓から情け容赦なく吹きこんでくるすきま風に身をちぢめながら、管理を強めていく時代に風穴をあけることばかり夢想していた。

その頃、世界中の若者たちが得体のしれない時代の暗い影におびえ、怒り、苛立っていた。

しかし、獄中でおぼろげに考えていた「就職しないで生きていく方法」がすぐに実行に移されたわけではなかった。無明舎の旗揚げまでにはそれから約三年の月日が必要だった。

サークル棟には自治会や人形劇、ワンゲルなどの部室があったがJAZZ研という部室があった。安倍と同じようにAさんという鉱山学部生が一人で管理運営しているインチキくさいサークルだった。Aさんは政治活動こそやらないが、文化的側面からこの閉塞しきった辺境の地とこの時代に憎悪の爆弾を仕掛けたがっている人物だった。

Aさんとはすぐに意気投合した。優等生意識むきだしの地方大学の構内でAさんはピンク映画を上映したり、当時は東京ですらほとんど知られていなかった前衛ジャズ・ミュージシャンを秋田に呼んできて自主興行したりしていた。詩人の白石かず子とジャズのジョイント朗読会や、当時知る人ぞ知るジャズのサックス奏者、阿部薫の学内コンサートは、彼と安倍が組んでやったイベントでもっとも印象深いものだった。観客全員が酔っぱらってハイになり、演奏する阿部薫と踊り狂った。

ジャズピアニスト山下洋輔トリオのコンサートも圧巻だった。オーソドックスなジャズファンには悪魔の音楽としか聞こえなかったその演奏は、安倍たちのバイブレーションとはピタリと一致した。

が、Aさんが大学を卒業し東京のテレビ局に就職すると同時に、安倍との関係も自然に遠のいていった。

そんな折、友人たちから「高校生で自主上映の映画のチケットを一人で七百枚も売りさばくスゴイ奴がいる」という噂を聞いた。六〇年代後半から七〇年初頭にかけて、もっともポピュラーで観客動員のすごかったイベントは映画だった。秋田にも若い人たちのいろんな自主上映組織があり、その頂点にいたのが、まだ秋田市内の高校生だったA君だった。彼の顔の広さというか人脈はとてつもなく、市内全高校に見事なネットワークをもっているばかりか一部のマニアックな大人の映画ファンたちまで掌握していた。

彼と知りあって安倍の世界は広がった。

中学校の伝説的なスケ番や暴走族グループ、ロックや演劇狂いの十代の連中とのつきあいは刺激的で、安倍をまたひとつ大いなる自由の方へ導いてくれた。優等生地方大学の殻を抜け出すと、そこには新鮮な風が吹いていたというわけである。

能代でたった五人の観客の前でも血を流しながら絶叫していた友川かずきは全身がナイフのような男だった。秋田のフォークシンガーたちを福岡と並んで全国

レベルに押し上げた仕掛人は、まるで音楽プロデューサーになるために生まれてきたような武石輝代という同年代の女性だった。

松村喬志さんは秋田大学の四、五年先輩にあたるのだが、いつもブルージーンズの上下に口ヒゲで、目立っていた。東京生まれで両親を早くに亡くし秋田を自分の故郷と信じていた。大学を出た後は一匹狼の鉱山（ヤマ）師としてオーストラリアやメキシコに働きに出かけ、たまに秋田に帰ってくるとハンドクラフト革細工屋に変身、デパートの片隅や路上販売で日銭を稼ぎ、はたまた建設現場で土方をしたりする不思議な人だった。

彼は毎晩のように「林道」というスナックにいた。時々そこに日商岩井や丸紅といった商社から電話が入り東京へ出かけて行った。一度、夜汽車に乗って同行したことがあるが、帝国ホテルの前で背広に着替え、仕事を終えるとまた何事もなかったようにボロのジーンズをまとい夜汽車で秋田へ帰ってきた。南米などか

ら来た要人に鉱山関係のガイダンスや通訳、コンサルティングをする仕事らしいのだが、日雇い労働と政府要人、ジーパンと背広、秋田と帝国ホテルという落差がえらくカッコよかったのを憶えている。

貧相だったがみんながそれぞれにキラキラと輝いていた。

この頃、安倍たちは何を食って生きていたのだろうか。なにせ親からの仕送りはなかったし、それほどアルバイトに精出した覚えもない。それなのに記憶のなかには空腹感のある風景というのは浮かんでこない。

大学の正門前にあった「みかさ食堂」のオバチャンは貧乏学生の「緊急ひなん食堂」だった。何ヵ月もツケでゴハンを食べさせてくれたし、大学の生協食堂では三十円の丼ゴハンに十円の天ぷらをのせ、生卵とウドンの汁をかけてもらい、「ゴウカに天丼だッ」などとやってた。週に一度は駅前にあった「まんぷく食堂」で肉鍋を食ってたし、パンの耳に納豆を塗って食べる「納豆サンド」も美味しかった。

仲間に仕送りの金やバイト収入があると、バカのひとつ覚えで「M」の寿司を出前してもらった。小さなオニギリほどの大ブリな寿司で両手でにぎっているという噂だった。「M」は貧乏学生御用達の寿司屋だった。たまには本格的な寿司が食べたくて寿司パーティーをやったこともあった。朝早く市場に買い出しに出かけ、サークル部屋の長机をカウンターにみたて、好きな具を好きなだけ食べた。ただし、ルールがあった。マグロはタン壺、イカはウンコ、タコはションベン、赤貝はヘド……といった具合に名前が付けられ、それを大声で注文しなければ食べられないのだ。腹がへっているうちは問題はないのだが、少し腹がおさまってくるともう注文するだけで気持ち悪くなった。

しかし我々の主食はなんといってもコメだった。**コメッ！**　とゴシック体で印字したいほどこの小粒で白く清らか、満腹感のある食いものを我々は愛していた。酒を飲んだ後や朝の起きがけに、まずは電気釜でコメを炊く。大の男どもが釜の周りでジィーッと炊きあがりを待つ。傍らに水の入ったバケツが一つ……。蒸らす時間もおしく湯気もうもうの釜に手をつっこむ。バケツの水で手を湿らせ、塩やミソで味つけしながらオニギリにして、形になったとたんアフアフいいながら食う。素手で釜からすくいとったコメは皿に移し換えたり一呼吸おいてはダメ。手の皮がむけるほどの熱さと闘いながら一気に丸めて口中に放り込む。これがコツ。小便をチビリそうなほどうまい。僕たちはこれを「フクフクおにぎり」と呼んでいた。身も心も幸福になるからだ。

　コメと同じように、キッサ店の存在というのもきわめて大きかった。何をするにもキッサ店で、世間から浮き上がっていた風来坊たちを受け入れてくれたのは百五十円で買えるこの小さな空間だけだった。

　大学に入るため雪深い田舎から秋田市に出てきた安倍は、キッサ店で初めてスパゲッティを食べた。こんなハイカラなものを食べずに年老いた両親への憐憫と田舎への憎悪で胸がいっぱいになったことを憶えている。高校の後輩を先輩風を吹かせてキッサ店へ連れていったことがあった。彼は安倍よりずっと山奥の生まれでキッサ店は初体験だった。注文をとりにきたウエートレスに「ひやしコーヒー下さい」と言って彼は笑われた。アイコやレスカといった呼び方がナウい時代である。彼は雨も降っていないのに長グツをはいているような純な青年だった。その後輩の首をしめてやりたくなるほど恥ずかしかったが、笑ったウエートレスも許せなかった。

　お花見のシーズンも楽しみだった。

　昼にたっぷり寝ておいて、千秋公園の花見宴会がすっかり終わる真夜中に仲間たちとイソイソと「エサ探し」にでかけた。この頃のお花見宴会弁当は、高度成長期という時代背景もあってか結構ゴウカな折詰で、一晩うろつくと手つかずの弁当が五十箱は拾えた。懐中電灯で中身を点検し、端っこを少しでも食いちぎった弁当は、投げすててマゾヒスティックに喜んでいた。

無傷（？）の弁当を何十個も家に持ち帰り、揚げ物や煮物は再度火を通し、十人の人間が一週間はタラフク食える食糧ストックにした。味をしめた我々は、翌年からお花見の一週間前に計画書をつくり、エサ探しの人員配備や運搬用のリヤカーまで準備するほどだった。

よく飲みにいった店は駅前の「まんぷく食堂」や大町の「ナイキ食堂」、川反の「かっぱ」や横町の「ながい」といった大衆食堂兼モッキリ屋のような店ばかりで、五百円もあればもう十分酔っぱらえた。

連日のように通いつづけた店もあった。川反のはずれに落ちこぼれたようにあった「羅生門」という店である。ロックとブルースを看板にしていて、当時は音楽といえばジャズがニラミをきかせていた時代だったので異端児のような存在だった。雨もりのする地下室の店のオーナーMさんは、実はレッキとしたホテルの料理人で、店は趣味でやっているという奇特な人だったのが幸いし、店は我々の自主管理に近い状態だった。ツマミはいっさい出さず、ひたすらサントリーの白を飲みつづけるしかないという店だったが、自分でサバ缶やピーナツを持ち込んでは、七〇年代初頭の夜のほとんどを、僕たちはこの穴倉の中で過ごさせてもらった。安くて居心地がいいのはもちろんだが、気のきいた若者のための店など皆無に近かった地方都市では、個性的な穴倉が荒れる学生や落ちこぼれたロッカー、不良や暴走族のすみかになるのは当然であった。

安倍もまだ十分に若かったが、高校生や十代の若者たちが客の主流だから、いっぱしの兄貴風を吹かせて、お山の大将を気取っていた。

2　凪のない出帆

　四年間大学に在籍したものの取った単位はわずか五つか六つ、そのほとんどが無試験、レポート提出なし、代返ＯＫというやつばかりで、今さら真面目に学校にもどってもとても挽回できる遅れではなかった。

　万年一年生なのである。

　サラリーマンや商売人はとても勤まりそうにない。好きな時に本を読み、気ままに旅に出たりできる職業でなければ大学をやめる意味がない。長髪やヒゲを落としてまで折り合わなければならない価値ある世間とは思えなかった。

「そろそろ潮時だなあ」

　以前からぼんやりとだが、一軒家を借りて梁山泊のような空間にしたいという夢をもっていた。

　一九七一年、東京・新宿にミニコミ誌を扱う本屋兼コーヒーショップと小さな情報センターも兼ねた模索舎がオープンし、この存在に刺激をうけていた。しかし、大都市だから可能な出店ノウハウを人口二十万の街で踏襲することはできない。容れものだけをマネても中身に地域的特性がなければ、たぶん線香花火で終わる。安倍は一生やりつづけられる仕事をやりたかった。が、先立つものがない。金目のものといったら少しは人サマより余分にある本ぐらいのものだ。

「そうか……古本屋だ！」

　何となく面白そうで元手はいらない。ヒマでほかのことも色々やれそうだ。夜は近所の子供たちを集めて勉強を教える塾をやればいい。この二本立てで生活の糧を稼ぎ、あとはアンダーグラウンドの演劇や音楽の呼び屋をやり、ミニコミを出して自己表現の場をキープする。ゆくゆくは出版をやってみたいがそれはずっとまた先の夢だ。

　際限なく広がる夢にひとまず雪囲いをして、安倍は具体的な行動に移りはじめた。

一九七二年八月、秋田大学教育学部（現・教育文化学部）のそばに、これ以上はないだろうという古い一軒家を破格の条件で借りることができた。家賃は二万五千円。高度成長のただ中で商店街や住宅も先を争うように様変わりしつつあった時代に、その建物だけは大正時代からの威厳と風格をそなえ、リベラルな古風さとモダンが同居していた。元特定郵便局で入り口に六畳ほどのたたき（郵便局だから待合室か）があって、その後ろに四畳半と六畳の二間がついていた。二階は廊下つきの十二畳一間で、いかに多少古びた印象とはいえ秋田駅から徒歩十分の建物としては驚くべき安い物件だった。

もっと驚くべきことは、その破格の家賃すら安倍には払えなかったことである。幸いにも家主との保証人になってくれた秋田大学のY先生（哲学）がお金を立て替えてくれた。

この一軒家の名前を「無明舎」と名づけたのに深い意味はない。新宿の模索舎に憧れていたので「舎」という言葉は使おうと決めていた。ただ「無明」という仏教用語がどこから出てきたのか、とんと記憶にない。二十二、三歳のツッパッた若者の気負い以外には考えられないが「なかよし書房」や「こばと書院」とでも命名するシャレた遊び心がなかったのはかえすがえすも無念である。

場所も名前も決まった。店頭に大きな看板を出した。「古本・企画・出版　無明舎」。

なかなか決まっているじゃないか。ミニコミを出し、学習塾の生徒も募集したいが何はともあれ古本屋である。これで生計をたてなければならない。足繁く警察に通い「古物商許可証」を発行してもらい、二十二歳の古本屋がここに誕生した。

本ダナやもろもろの内装は自力で作った。

最初の在庫は自分の蔵書六百冊からのスタートだった。友人、先生、大学の寮などをリュックを背負って回り、自転車で本を集めた。もちろん自己資金などない。すべて平身低頭、出世払い、タダで本をカンパしてもらうのである。毎日登山ザックがいっぱいになるまで本を集めた。社会科学系のカタい本が多かったが、もの珍しさも手伝いけっこうよく売れた。タナにアキが出来ると必死でツテを頼り自転車をこいでどこにでも飛んでいく。文字通り自転車操業である。

学生がはじめた古本屋稼業は、もの珍しさも手伝って、客足は順調だった。

開店当初、店は午前十時にオープンし、夜の七時か九時頃までは開けていた。リュックを担いで本集めに出たり、その日の売り上げをワシづかみにして安酒を飲みに行く以外はいつも千客万来（古本を買いにくる客ではなく遊びにくる）の賑わいで、店の奥の四畳半が夜になるとドンチャン騒ぎの酒場に変身した。常連の客に留守番を頼んで映画を観にいったり、客の来ない時間帯にパチンコをしにいったり、なんともいいかげんな経営者だが、最初から自分の用事は最優先させようと決めていた。客もよくしたもので、主人が昼メシから帰ってくるのを店の前でジーッと待っていてくれたり、レジのカウンターにお金とメモを置いて勝手に本を買っていく「大人の客」もいた。

客層は幅広く中学生から老人までまんべんなく来てくれたが、マンガや大衆雑誌など置いてないし「赤軍」やら「シュールリアリズム」といった訳のわからない本が平積みされているタナを不思議そうに見ている客の姿がおかしかった。

古本ばかりでなく全国各地で刊行されているミニコミ誌やアンダーグラウンドな出版物も東京の模索舎を通じて仕入れ、ちょっとした模索舎東北営業所のような状態だった。模索舎の五味正彦さんには、神田周辺の小さな出版社回りに連れていってもらい本の直接仕入れの方法を教わった。

秋田市の松坂古書店の三島亮さんには仙台古書市に同行してで古本の売り買いの勉強をさせてもらった。

手元に当時の無明舎を取り上げた新聞記事がある。秋田魁新報一九七三年一月六日付で、県内の若者を取り上げたシリーズの三回目として〈学生社長〉のタイトルで無明舎と安倍が紹介されている。「二つの店を経営」「面白い生きた社会学」という見出しで、六段組み囲み記事のまん中に長髪を輪ゴムで束ねた安倍がコーヒーを入れている。二つの店、というのは古本屋と喫茶店のことである。七二年の九月に古本屋をオープンし、同じ年の十月三十日に古本屋の奥に「舎利」という珈琲閲覧室を作った。たしかコーヒー一杯六十円だった。とても喫茶店などと呼べるようなシロモノではなく、本を買ったお客がついでにコーヒーを飲んで話をするコミュニケーションの場である。記事によれば、「がらくたを集め、ペンキを塗り直したり改造したものばかり。廃品利用というやつで……、どうです立派なものでしょう」などとエラそうに安倍は語っている。開店資金は一万五千円。古本屋が三万弱でオープンしてるのだからこの喫茶店はいささか過剰な設備投資である。

この喫茶店は、退屈な古本屋の店番という仕事から救ってくれた。話し相手が出来、イベント企画やPA機材レンタル（ミュージシャン相手にこんなこともやっていた）の商談、情報交換にも大いに役立った。しかし次第に客が固定化し、昼からビールを飲む奴や長っ尻の常連客が増え、今度はいちいち相手をするのがメンドウになってきた。古本のストックも徐々に増えそのスペースも欲しかったので思い切って喫茶店を廃止した。「舎利」は一年半ほどの命だった。

古本のほうは売買のコツも少しずつわかってきて「売り」客が増えてきた。それでも自分一人が食っていくのが精いっぱいで、アルバイトをしなければ生活は苦しかった。バイトは当時無明舎に出入りしていたA君のお父さんが社長をしていた内装会社で内装の手伝いをさせてもらった。無明舎には常時五、六人の若者が意味もなくたむろしていたので肉体労働の人夫集めはお手のもので、その日暮らしのドロップアウト学生や高校生の暴走族を集めて人材派遣業に精を出した時期もあった。

空いてる二階も有効利用しようとはじめたのが「手形学習教室」という「塾」である。「生徒募集」のチラシを大量に印刷し、早朝に近所の玄関口に差し込んでくる作業を三日間続けると予想していたより反響は大きく、問い合わせの電話が鳴りつづけた。最初五、六人の生徒でも集まれば、とタカをくっていたのだが、フタをあけてビックリ。四十名近い申し込みがあった。かなり遠隔地からの申し込みもあり、どっか別のところと間違ってるんじゃないの？　と不安になった。

当時、秋田市内にほとんど塾らしきものはなかった。もともと古本屋の開店と同時にいつかは塾もオープンする計画だったので黒板や机、イスは大学から失敬してきたり廃材を利用して用意万端整っていた。古本屋も塾も資本や運営経費のかからない職業で、これで食いつなぎながら将来好きなことをやる作戦だった。

授業がはじまるのは夜の五時を回ったあたりからで生徒たちはかなりユニークな子が多かった。

「暴力学生がやってる塾だから近づいたらダメですよ」とデマを流す近所の主婦がいたり、近くの中学校ではウチの塾の悪口を教室で「教える」教師もいた。勉強はあまりしないで近くの大学グラウンドで遊んだり、日曜日に遠足に行ったりする塾の雰囲気は、子供たちにとっていい休息場だったのかもしれない。異様な（よくいえば個性的な）教室の汚さや先生の風采におびえて一、二回で来なくなる生徒もいたが、やみつき（？）になった子供は学校の仲間をひきつれてやってきて経営を助けてくれた。一時は百五十名近くの塾生をかかえたこともあったが、生徒が多くなると子供も多種多様なのが入ってきてトラブルも絶えなかった。

古本屋のレジからちょこちょこ現金がなくなるので不審に思い寝ずの番をしたことがあった。朝方、いつも開いている裏口からなんと塾生がしのびこんできて盗む現場をとりおさえたこともあった。

旗揚げしてからちょうど三年目でプレイガイド・マ

ガジン「月刊んだんだ」を発行しはじめた。B3判の紙を封筒形に八折したタウン情報誌のようなもので発行年月日は一九七四年十月二十五日、定価百円で三千部発行している。表紙は赤瀬川原平タッチで、これは大学の友人であるデザイナーの梅本彰氏の作品。映画や演劇、音楽の情報のほか「囲炉裏端」という千字コラム欄があり劇作家の菅孝行や津野海太郎、フォーク歌手の友川かずきや三上寛が原稿を書いている。イベント紹介や身近な町ネタが中心で総じてアンダーグラウンドな情報がいっぱいである。創刊号には四センチ角の広告が三十本入っている。一マス三千円だから広告収入は九万円、印刷代も同じくらいだったから相殺で売れた部数が収入になったわけだ。

ミニコミ誌「月刊んだんだ」は一九七四年十月から七六年七月まで月刊で二十三号分、約二年間続いた。

創刊号の片スミに自舎広告が載っている。そこには〈車貸し出します。引っ越し屋もやります〉とある。今のように若者が自由に車を乗り回せる時代でなかったから、車さえあれば学生相手にひと商売できたのどかな時代だったのだ。車は軽自動車のスバル・サンバーで、A君のお父さんが自分の息子が働く職場のあまりの赤貧さに同情してプレゼントしてくれたものである。が、車はあっても運転免許をもった人間が一人もいなかったので、A君があわてて教習所に通うことになった。

自舎広告には〈古レコード買います。印刷受注〉という記載もある。古本と同時に古レコードにまで手をそめていたのである。印刷というのはもちろん機械設備があった訳でなくファクシミリ印刷機（今の電話FAXではなく自動謄写版）が一台あったので、小冊子の編集製作を請け負っていたのである。

この当時、「月刊んだんだ」誌から無明舎が主催したりかかわったイベントをピックアップしてみよう。

七四年十一月　自主映画上映「野坂昭如五二七、二一四」

七五年二月　演劇「不連続線」公演。同じくロックコンサート「レッド・ハウス」（地元バンド）

七五年五月　桜吹雪フォークフェステバル（これは秋田出身のフォークバンド、歌手を集めた大規模なもの）

七五年六月　演劇センター68／71「阿部定の犬」公演

七五年七月　粟津潔。映像個展と講演会。同じく七月、小中陽太郎講演会

七五年八月　友川かずきコンサート（羅生門）

同じく八月に甲斐バンドと地元ロックバンドのジョイントコンサート

七五年九月　友川かずきコンサート（羅生門）

七五年十月　演劇集団「多摩小劇場」公演

同じく十月に演劇センター68／71「キネマと探偵」

七五年十二月「グラン・カメリオ」北方舞踏派「塩首」公演

七六年五月　上田正樹とサウス・トウ・サウスコンサート

七五年には山本郡二ツ井町に同世代の二人の青年が出版社「秋田書房」を設立している。借り物の若者文化や東京をありがたがる風潮から、拙なくても自分たちの手で、という自立の精神が芽生えていた。

「月刊んだんだ」も後半近くの終刊五、六号前あたりから歴然と紙面ボルテージが落ちている。これは、ある人物の伝記を書くため、その出版準備の比重が重くなり、ミニコミ誌に手間ヒマかけることができなくなったためである。

その伝記というのが市内で「中島のてっちゃ」といわれた知的障害者の尺八芸人で、「月刊んだんだ」の創刊号から三号目で誌面に「中島のてっちゃ」こと工藤鉄治さんをインタビューの形で登場させている。

そして「月刊んだんだ」の終刊三号前の七六年五月号には、安倍の処女作であり、ひいては現在の無明舎出版の基礎となった『中島のてっちゃ』刊行を報ずる

記事と安倍自身のインタビューが特集されている。要するにこの一年半近く、『中島のてっちゃ』の取材・執筆、出版に忙殺されていたのである。

初めて本を出すことになり苦労したのは印刷・製本の知識である。ページ物といわれるものがミニコミとは全然違う手順で刷られることにとまどい、その製本代の高さに驚き（当時、市内に製本所はなかった）、結局は仲間たち数十名の手を借りて初版三千部をすべて手作りで仕上げた。

五里霧中の無鉄砲きわまりない冒険だった。巷では「およげ！　たいやきくん」が大ヒットしていた。

3　疾風どとう助走篇

安倍にとって処女作であり、無明舎にとっては以後出版専業の一歩目となる『中島のてっちゃ』は一九七六年五月十日に初版を発行している。

翌月の十日には二刷さらに一カ月後に三刷と版を重ね、合計一万部が売れた。装幀は大学時代の先輩の菅克行氏。本文に多数収録した写真は同じく大学の先輩の飯島明氏。全体の構成は七章立てで、てっちゃこと工藤鉄治さんの人生をなぞり、インタビューの「てっちゃ語録」を付記した。さらに「特別付録」として「てっちゃ」と同じような経歴の持ち主である「八丁の金さんは名物男」という小文を著者の許可を得て再録している。そのうえ取材ノートを〔Ⅰ〕〔Ⅱ〕と分けて入れ、「まえがき」と「あとがき」までしっかりと組み込んだ、まるで素人雑誌のゴッタ煮本である。

この本は大学を中退した安倍の、いわば卒業論文のようなものであった。印刷資金がなかったので一円でも安い印刷所を探して大館市の三上写植に写真印字を頼んだ。三上さんはろうあ者で、わが舎にとびこみ営業にきて知りあい、ずいぶんとムチャな要望もきいてもらった。出張校正と称しては三上家に何度も泊めてもらい、奥さんもろうあ者なので手話の家庭生活を間近にして考えさせられることも多かった。三上さんはオモチャのような軽印刷機を玄関先に置いていたのでその印刷機を使わせてもらった。刷り終わったものは秋田市まで運んで無明舎の二階で製本した。小さな印刷機械なので表裏八頁ほどしか刷れないから丁合が大変だった。しかし金はないが時間はある若い者がいくらでもいた。暴走族くずれやアマチュア・ミュージシャン、飲み屋のマスターから今でいうフリーターまで、個性豊かなモラトリアム人間が喜んで製本を手伝ってくれた。

本は製本された端から本屋が持ち帰った。追加注文に応じきれなかった。買った人から頁をめくっていたら本がバラバラになった、という苦情が入った。

増刷からは秋田市内の大きな印刷所に頼むことにした。その印刷所にも製本設備はなかったので製本はホッチキスでとめる無茶をした。三刷目になると印刷のメカニズムのようなものが少しはわかるようになり、時間や労働のロスを防げるようになった。

一万部売れても利益が出たのはようやく三刷目からだった。

この間、専従という形で安倍の片腕として無明舎を手伝って（舎員という概念はまだなく無明舎は安倍の個人商店のような形だった）くれたのはA君とB君である。

Aの場合は高校卒業後なんとなく出入りして居ついてしまったのだが、Bの場合は安倍が東京から呼びもどしたものだ。Bは安倍の高校の同級生で駒沢大学に進学したが中退、東京で小さなビル清掃の仕事をしていた。無明舎が呼び屋のようなことをやり、引っ越し屋から内装手伝い、塾、ミニコミ誌発行と手を広げ、出版にまで手を出しはじめ人手が必要となったとき、留守をあずかり城内を固めてくれる女房役にはBが適任と考えたのだ。朴訥だが誠実、口数は少ないが明るいし体力は抜群、ふだんは草木や百姓仕事を愛する純粋な青年だった。Bは二つ返事で秋田に来ることを了解してくれた。

年の初めから『中島のてっちゃ』の取材と執筆に追われ、五月に本を出したら今度は増刷騒ぎでテンテコマイ、年末にかろうじて二作目の米田一彦著『野生のカモシカ』を出し、記念すべき一九七六年は終わった。

自分をふりかえる余裕などまったくない走りっぱなしの一年間だった。

この年、世間ではロッキード事件が大きな話題になり、三木首相に鬼頭判事補が指揮権発動を促すニセ電話をかけた頃の話である。一月には日本で初の五つ子が誕生し、三月には北海道庁ロビーで東アジア反日武装戦線の爆弾事件もあった。

国際的にはアルゼンチンで軍部の無血クーデターがありペロン政権が崩壊し、中国の動きも活発だった（天安門事件・文革派の江青女史ら四人組逮捕）。オリンピックはモントリオール、米国の大統領はフォードで、この年から二百カイリ漁業専管水域が設定されている。

年が明けるとそれまで仕込んできたエネルギーをぶちまけるように猛烈な勢いで本を出しはじめた。

二月　ほった圭『雪国の絵本』
三月　前書の増刷
五月　友川かずき『死にぞこないの唄』
六月　朝日新聞秋田支局編『最後の狩人たち』

一度も専門的な編集の訓練を受けたことも出版経験もないのに半年間で四冊もの本を出してしまったのである。

装幀は学生時代の仲間の宮本康男さんや札幌に住む

梅本彰氏に依頼した。半分は自舎装だったが、アイデアが浮かんでも印刷技術に無知なために出来上がりはいつも散々だった。それでも、この四冊（『野生のカモシカ』を含む）はよく売れたと自画自賛していいだろう。県内の、それも大きな書店しか取引店をもたず、営業力はゼロ、宣伝広告もままならなかった状態で三千部以上売れたのだ。

　自分の頭の中にあった〈モヤモヤ〉を本という形にしただけだったが、それがひとりよがりや砂上の楼閣でなかったのがうれしかった。自分が読みたい、出したい、面白いと思った人物やテーマを三千人以上の人たちが同じ思いで読んでくれる。これは自信につながった。無手勝流の出版技術しか持ちあわせなかったが、気分だけはすっかり編集者だった。

　出版社をはじめて一年余で出したこの五冊の本には格別な思い入れがある。予想よりもよく売れたこともその理由だが、なんといっても、売れても逆に借金が出来てしまった、という事実に驚いた。経営者として未熟さをモロに思い知らされたわけである。

　五冊の本に共通するのはタイトルに〈秋田〉という文字を謳った本が一冊もないことだ。これは辺境の地にいても全国に通用する本を作るゾというツッパリ精神に支えられていた。なぜ東京で本を出せば普通の〈出版〉で、秋田だと〈地方出版〉なのか。自分の生まれ育った地域の民俗や歴史、人、風土の中で、沖縄や北海道の人たちが読んでも感動できる普遍性のある出版物を出したい、こんな気負いが五冊の本にはつめこまれていた。

　この頃、安倍は事務所の裏手にある倉庫を改造した平屋に住んでいたのだが、そこをBに明け渡し、秋田大学横にアパートを借り、住みはじめていた。

　女性と一緒だった。同棲というやつである。他の人の同棲とちょっと違ったのは、彼女には子供が一人いたことである。

　安倍の生活は激変した。それまでの勝手わがまま放題の暮らしから相手のペースにあわせた規則正しい、リズムのある生活に変わった。

毎朝きまって七時前に起き、三歳になったばかりの女の子を保育園に、女性を会社まで送り届けてから仕事に出勤した。人並みに車の運転免許もとり、湯沢の実家から払い下げてもらったダイハツのオンボロの軽自動車に乗っていた。

そのうち親子三人で暮らすのに二間のアパートでは手狭になり、事務所のそばに大きな庭つきの一軒家を借りた。すきま風がピューピュー吹き込んで、ガムテープで防ぐのにも限界があるほど老朽化し、畳は腐って家全体が傾いていたが、天井は高く広々として住みごこちのいい家だった。家賃は二万円。消防法の基準すれすれでどうにか生き残っているボロ家だったが、居間の二つの部屋の間仕切りを取りのぞけば二十畳の即席宴会場が出来上がり、ここでよくイベントの打ち上げをやった。

家庭生活をはじめた安倍は二十八歳になっていた。

五本のノンフィクション作品を出版し、そこそこの評価や手ごたえを感じてはいたものの、いくら内容が良くても売れなければ本はタダの紙クズ、という現実にもぶつかっていた。毎年増刷できる本を何冊か作って経営の安定化をはからないと最早ツブれてしまう、そんな危機感があった。

七七年の後半から満を持して〈んだんだ文庫〉シリーズの刊行を開始した。秋田県民の幅広い層が興味をもつ県内の自然、生活、歴史にスポットをあてたガイドブックで廉価な新書判、カラー頁も付してロングセラーを狙った。一冊目の『秋田の山』は初版の三千部がまたたくまに売り切れ、二冊目は『ハタハタ』、三冊目は『秋田の野鳥』といった具合に、この年たてつづけに三点を出版した。

Aは家業の装飾業を継ぐため、すでに退舎していたが、翌年にかけてはBを営業専門にすえ、写植オペレーター兼事務のC女史と編集長の安倍という三人の体制が整いつつあった。

Ｂ、Ｃの二人の給料は雀の涙だったが不平もいわず二人とも夜遅くまで仕事をしてくれた。
舎長である安倍は無給だった。安倍の生活は同棲していた女性がめんどうをみていた。ヒモどころではない、もっと太いロープのような存在だった。


出版社としてどうにかこうにかやっていける自信のようなものはついてきたのだが、安定というか秩序のようなものが備わってくると、逆に人生の先がみえたようで無性にそれを壊したくなった。三十歳前の理屈では説明できない焦燥だった。自分の生きていく道、やらなければならない仕事、それらがハッキリとみえてきた時期に、皮肉にも、どこにも出口がないという閉塞感にさいなまれることになったのである。

目の前に大きな壁がたちふさがっていて初めて「スランプ」という言葉を意識した。

ふりかえれば学生時代に無明舎を旗揚げし、ツンのめるように呼び屋、古本屋、出版と走りつづけた。小さな山を一つ越えても前方にはまた延々と小さな山がつづいている。

そんな風景の中で三十歳をむかえようとしていた。

「自分がやりたかったことって、こんなことだったのか……」

ボンヤリとそんなことを考えていた。

そしてある日、突然、ブラジルへ行ってみようと思い立った。このへんの飛躍はうまく説明できないのだが、身の回りのよどんだ空気を一新したかったのは確かだ。尊敬する先輩がブラジルに移住してバリバリ仕事をしていたのも決め手になった。

当時は地球の反対側にあるこの国まで往復の旅費だけで七十万円もかかった。小遣いもあわせれば百万円近くの金が必要だった。半分はどうにか工面できたがもう半分は友人たちからカンパを募ることにした。一口三千円で三十万近くの金が集まり、センベツとあわせるとどうにか目標額に達した。プライベートな海外旅行に〈カンパ〉と称して金を集めるのだから、今思い出しても赤面の極みである。

ブラジル行きの前に一緒に住んでいた女性とは籍を入れた。結婚式はなし、市役所でサインをして終わりだったが身辺をきっちりとしてから次のステップに進みたかった。

この頃の無明舎は安倍とB、それに写植オペレーターのCの三人体制で、Aや大学の先輩でフラフラしていたDがヒマをみては手伝ってくれた。彼は東京に住んでいたのになぜかひんぱんに手伝いにきてくれていた。新たに舎員を採用したのもこの頃である。『秋田の山』を読んで訪ねてきたH君は神経質そうだがシンは強そうな若者だった。でものちに彼は本の内容をめぐって安倍と対立し、あっさりとやめてしまった。人を使うことの難しさを思い知らされた事件だった。

こんなふうにブラジルに旅立つ直前まで安倍の身辺は慌ただしかったが、それでもまだ大きな借金もなく今から考えればノンビリとした風がいつも事務所に吹きわたっていた。

一九七八（昭和五十三）年——本格的な出版はこの年からはじまった、といってもいいのかもしれない。

この年、十七点の新刊を出した。自費出版は一点のみで詩集や戯曲といった〈絶対に売れっこない〉本が五冊も入っているのが大きな特徴である。山川三太処女戯曲集『褸骨の指輪』、簾内敬司詩集『白鳥が飛んでいるのは我々の時代の空ではない』、あゆかわのぼる『風の故郷』、友川かずき『吹雪の海に黒豹が』、畠山義郎編『日本無名詩集』といった具合で、これらは自費出版ではない。自分の身近にいる優れた人たちの本を出そう、というのが出版をはじめる動機だったから、その理屈にそったものなのである。詩集のほとんどは三百部ほどの刷り部数で、製本代を浮かすために事務所の二階で丁合から製本までを自分たちの手でおこなった。経済的に無謀な出版企画といわれそうだが、注意深くみるとこうした詩集や戯曲の合間に小松昌二郎『秋田の楽草』、無明舎出版編『秋田市街べんり地図』、虻川進一『秋田のつり場ガイド』……といった一万部以上売れたベストセラーが入りこんでいる。

さらにこの年、バクチというほどの大ゲサではないのだが、県内の画家と執筆者を集め本格的な『あきたの民話絵本』を作っている。B5判上製函入でオールカラーの全六巻、定価七千二百円という豪華本である。絵本の編集技法を知らなかったので東京からプロの女性編集者を招いて手伝ってもらったが、まったく売れなかった。ふつうの単行本十五冊ほどが出せる資金を投入し、ハデな宣伝をうち、数限りないDMを県内外に郵送したのだが、ダメだった。

これは単なる広告不足や内容の問題ではないナ、と気づいた時に借金はもう一千万を超していた。

この時期、秋田には秋田書房や秋田文化出版社といった出版社がお互い競いあうようにいい本を出しあっていた。

4 不夜城の仕事場で

一九七九年秋、一人の若者が入舎した。

刊行点数が七八年頃から急に増え、もう一人編集員を募集しなければならなくなっていた。

地元紙に募集広告を載せると履歴書が六十通余りも来た。書類選考で十人ぐらいまで絞り、あとは直接面談して決めることにした。最終的に男女二人の青年が残った。女性のほうは東京で出版社のアルバイト社員のようなことをやったこともあるらしく編集用語もペラペラだった。

一方の男性、Eのほうはといえば、今ひとつとらえどころがなかった。しかし一つのことに集中する力とネバリ強い持続性が言葉のはしばしから感じられた。ハデさがないのも印象としては良かった。給料も満足に払えるかどうか心細い超零細出版社にとって舎員一人を増やすのは命がけの冒険である。

「よしッ、この男に賭けてみよう」

Eを採用することにした。

Eが入舎して大きな変化があらわれた。それまで遅くても八時頃までには終わっていた仕事が十一時、十二時とだんだんと深夜のほうへ押してきたのだ。前崎にすれば、自分が一番若くて仕事もできないから夜遅くまで頑張ることで肩を並べようとしたのだが、ほかの人もそれにひきずられて帰宅が遅くなった。近所からは不夜城と呼ばれ、平均終業時間は十一時なんていう時期もあった。

Eが入舎することによって仕事は飛躍的に生産性が向上した。出版点数はうなぎ上りに増え、それまでわが舎の弱点といわれた歴史や民俗の企画もEの加入によって新たに開拓が進んだ。一人の編集者の力で小さな出版社は大きく変わるものである。

しかし、あいかわらずEの帰宅は遅く、つきあわざるをえない舎員にとっては苦行だった。

「明日からは七時で仕事を終え、全員事務所から強制的に出ていくこと」

と決めても一カ月も過ぎるともとのもくあみで、結局夜中近くまでEはモクモクと働いていた。

Eの一年半ほど前の一九七八年春にCが入舎している。彼女はそれから八五年春まで写植印字のオペレーターの仕事をしてくれた。八〇年前後はC一人で無明舎の本のほとんどの写植印字をおこなっていたわけである。

今思うと信じられないほど彼女もよく働いてくれた。八時九時前に帰れることなどめったになく、それから彼女はアパートに帰ってゴハンを作り次の日のお弁当の用意までしてきた。二十代の遊びたい、恋をしたい盛りの独身女性に残酷なことをしたものだと思うのだが、当時はそれであたり前と思っていたのだから罪なものだ。

一九八二年頃からCの写植による本は次第に少なく

なっていった。安くて速くて直しの簡単な電算写植機が秋田にも登場したからである。Cの仕事はいきおい事務雑用と頁もの以外の小さな印字ものに限られるようになった。これで過度に目を疲れさせることもなくCもラクになったと思い込んでいたのは甘かった。

「もうここでは自分の仕事がないので、やめさせて欲しい」

突然、Cはこういいだした。ショックだった。

Cはシンの強い女性で一度決めたらテコでも動かぬ頑固なところがあった。無明舎の創成期からやたら苦労ばかりかけてなんの恩返しもできないうちに彼女に去られるのは経営者として本当につらかった。人を新たに使うことは、また誰かが辞めていくことと同義で、その対策にはいつも本を作るのと同じほどのエネルギーを要した。

Cが辞めた後、安倍は仕事がしばらく手につかなかった。空気のように存在していた人がいなくなり、酸欠状態になったのである。

ちょうどこの頃、B、E、Cと私の四人で多いときには年間三十点もの本を作っていた。増刷も多く、刊行点数の三分の一以上が増刷ということもあった。欲が出て、社会性のある硬派な売れない本を〈趣味的〉に出して赤字をつくるケースもめだって多くなり、累積赤字も雪ダルマ式に増えはじめていた。

秋田の印刷所にも電算写植機が入り、編集作業は飛躍的にスピードアップした。この影響もあり無明舎でも年間二十点以上の単行本をコンスタントに出せるようになっていた。

この一九七九年から一九八〇年の二年間、世界ではスリーマイル島の原発事故があり、イランのアメリカ大使館員人質事件、ソ連のアフガン侵攻、韓国では光州事件があった激動の年である。国内でも大平首相が入院先で死去し鈴木善幸が首相になっている。

出版点数が増えると在庫もドンドン増え、倉庫もない事務所は手狭で、足の踏み場もない状態になった。

個人的にもちょうど郊外に土地を買って家を建てる計画が安倍にもちあがっていた。

真剣に引っ越しを考える時期に入っていた。

この際、思い切って事務所を作ってしまうことはできないだろうか。安倍の家を建てるための土地を少しまわしてもらい、そこにプレハブでもいいから事務所を建ててしまうのだ。事務所を建てるため公庫も銀行も無明舎には絶対金を貸してくれないが、個人で家を建て横にプレハブを作るぶんにはなにもいわないだろう。安倍のカミさんの収入が人並みにあったので金融公庫では簡単に住宅ローンを組んでくれた。

正直なところ安倍には持ち家などどうでもいいことだったが、事務所だけは大家さんに遠慮のいらない自前のものが心底欲しかった。自分たちだけの新品の事務所で仕事をするのが夢だったのだ。家の土地は、なるべく市街からはなれた安い場所を希望したが、大学の後輩の住宅会社の営業マンは坪十五万五千円なりの秋田市郊外にある秋田大学医学部そばの土地を勧めてくれたので従った。

家のほうは鉄筋のプレハブ住宅で、あれよあれよというまに田んぼの中に建ってしまった。二、三カ月の猶予をおいて、かねてからの予定通り家の横に大きな倉庫を建てるフリをして、十五坪の土地に一挙に二階建ての事務所を建てはじめた。むろん金はなかったが、最も信頼していたA君のお父さんと綿密に打ち合わせし、彼の援助と保証で工務店と話をつけていたのである。

「いまは一銭の金もありません。でも工事がはじまれば本の代金が入ってきます。それでちゃんとお金は払います」

その口約束だけで、信じられないことに工事ははじまってしまったのだ。

結論から先にいうと、その建築費は約束通り五カ月間で完済した。工事はなにやかやで三カ月ぐらいかかったのだが、その間、県内四カ所の地域限定写真集『思い出のアルバム』をフル操業で作り、回収した売り上げを印刷所に払わず、すべて建築費に回したのである。この地域写真集は一部三千八百円で書店買い切り商品だった。予約限定出版なので発売と同時にお金の回収ができた。まさに事務所を建てるために考案された企画だったのである。

しかし五カ月間、印刷所には雀の涙ほどの支払いしかしなかったわけだから、この間のツケが後々ボディーブローのようにじわじわと効いてくることになる。

一九八〇年八月末、事務所は完成した。真新しい事務所での仕事始めは忘れもしない一九八〇年九月だった。事務機器などの備品もすべて新品で、まるで夢の中にいるような気持ちだった。

安倍は小さい頃から、自分の部屋を持つ事に異常な執念を燃やす子供だった。自分だけの誰にもじゃまされない空間に人並み以上に強い執着があったのだ。

「事務所さえ自前のものがあれば、住む場所なんてどこでもいい、なんなら事務所に寝泊まりしようか」

と、なかば本気で考えていたほどである。

念願の新しい事務所で身も心もさらに「新しく」なるために「無明舎出版」を改組して「有限会社　無明舎出版」とした。帳簿もそれまでのどんぶり勘定をやめ正式に税理士にみてもらうことにした。

田んぼの中の事務所なので食堂などが一軒もないのはしょうがないとしても、出版社にとっては命綱ともいうべき郵便物が二日に一度の割りでしか配達にならなかったのは誤算だった。が、郵便だけはどうにもならず本局に私書箱を設けて、毎朝こちらから取りに行くことにした。

新しい事務所を建てた一九八〇年は、本を三十点出し、この中には八点の『思い出のアルバム』シリーズが含まれている。今であれば一年に三点かそこら作るのがやっとだろう大型企画をいともたやすく八点作っているのだから、いかに新事務所のために無理を重ねていたかがわかる。三十点のうち自費出版は三点、以後ロングセラーになる『秋田艶笑譚』三部作もこの年に三冊とも全部出ていて、一巻目はその年のうちに三刷までいっている。増刷が十一点あるのも特徴で、四割強の増刷率である。事務所建設のためだけではない出版社としての勢いもあったのかもしれない。

事務所の建設で大きなお金も出ていったが、高い本が短期間に売れると驚くほどのお金も入ってきた。

が、落とし穴もあった。印刷所への支払いも大変な額にのぼっていたのである。

当時、安倍は手形を切らないことを舎是にしていた。小さな頃、父親が毎日のように「手形が落ちない」と金策に走り回り、おふくろに八つ当たりしていたことを覚えているからだ。

「手形っていうのは家庭までダメにする。自分が大人になったら手形だけは使わないようにしよう」

子供心にそんなふうに思っていた。

当然、印刷所からの手形プレッシャーは強くなる一方だった。順風満帆の出版活動の舞台裏で、印刷所の赤字が発火点ギリギリまでふくらみはじめていた。

この頃、ちょうど東北の出版人が集まってつくった「東北出版人懇談会」がブックフェアで東北各地のデパートを回っている。いずこも大盛況で「東北の本」が一種のブームのようにマスコミに喧伝された。

安倍と津軽書房の高橋彰一氏はその実行委員のような立場で、連日東北各地を歩いて多忙を極めた。

「いい機会だから津軽書房の高橋さんに密着して、いろんなもんを盗んでやれ」

という打算もあって、積極的に高橋さんに同行したのである。青森を皮切りに弘前、山形、仙台、酒田、秋田、会津、盛岡……と東北各地のブックフェア旅は一九八〇年丸一年間つづいた。

翌八一年には「みちのくの本一千点」フェアを成功させ、この成功に目をつけた池袋西武デパートの主催で八二年には「全国ふるさとの本まつり」という地方出版のブックフェアが開催された。

このイベントはいろんな意味で地方出版のひとつの

頂点に位置するものだった。

皮肉にもこのフェアが終わったあたりから「地方の時代」の掛け声はか細くなり、わが地方出版社の結束もおぼつかないものになっていく。あまりに急速に行き着くところまで登り詰めた結果、次の目標が見付からないまま空中分解してしまったのだ。

マスコミ取材も潮が引くように減少すると、それまで地方出版社を名のって「おらが郷土の代表」のような顔をしていた全国各地の版元の大半が、本来の仕事である印刷や古本、書店という「本業」のほうに戻り、その仕事に専念しだしたのである。

フェアの頃は全国に五百社以上の地方出版社が存在するといわれていたのが、フェア後は両手で数えるぐらいの版元（とくに年間十点以上の新刊を出す専業出版社は）しか残っていない、というほどの極端な減り方だった。笛や太鼓の鳴ってる間だけの「にわか地方出版社」が多かったのである。

津軽書房の不渡り、という事件があったのもこのフェアの二年後である。

無明舎は幸いにもこの退潮の影響をそれほど受けなかった。

あらためてその理由を考えてみるに、ブームのお祭り騒ぎに乗ってスタッフを増やしたりしなかったこと、事務所の移転騒ぎで世の中の流行に乗り遅れマイペースを貫いたこと……などが考えられる。

時代に乗り遅れたぶんダメージも少なかったのかもしれない。

5 行きつ戻りつ虚業篇

八〇年代の十年は前半と後半ではっきりと色合いの違う歴史をもつことになった。

例えば前半の八一年、二十点と前年のさまざまな出来事（事務所新築など）の疲れが出たのか出版点数は少なかったものの八四年まではぼ三十点を超すハイペースで本を出しつづけている。

ところが八五年から九〇年までは二十点前後をかろうじてキープするにとどまっている。

八〇年代は安倍の三十代と符合する。

二十代は学生運動の挫折、行き当たりばったりの古本屋稼業で口を糊し、勝手気ままに生きてきた十年だったが、三十代に突入して家庭をもち、社会人としての自覚も出、社会的に認知される仕事ができるような自信をもちはじめた頃である。

この三十代の十年間に二百五十点余りの本を出している。この中には三千部作って三百部しか売れなかった本もあるが、それでも著者にはちゃんと印税を払い、舎員の給料やボーナスも遅配することはなかった。経営的には火の車だったが、安倍の生活は犠牲にし稼ぎのあるカミさんの生活におんぶに抱っこしていた。

印刷所も太っ腹で、三千万以上の負債になるまで無理な督促は一度もなかった。こうした諸々のことに甘え切って何の痛みも疑問も感じないまま、十年間走りつづけてしまった。

安倍が『中島のてっちゃ』を書いてから五年の歳月が立っていた。

八一年は二十九点の本を出し、うち増刷は『秋田ふしぎ探訪』『最後の狩人たち』『秋田の薬草』といったロングセラー定番ものが五点で、自費出版もこの頃から増えはじめ七点ほどあった。

出版社として刊行点数が百点を超え、そろそろまた自分の本を出してもいい頃合かな、と思いはじめていた。そして満を持して書いた二作目『雲つかむ夢』を出版した。まったく売れなかった。

二作目の失敗はこたえたが、出版社として出したい企画は山ほどあった。歴史からガイド、農業から学術論文まで来るもの拒まず本にした。

八二年になると新刊は三十三点に跳ね上がり、増刷は歴史ものを中心に九点、自費出版は十一点もあった。この年の企画ものにはＢ５判上製函入五百頁クラスの豪華本も六、七冊出している。

八四年には三十一点、増刷は三点と少なかったものの自費出版が十一点と相変わらず好調で、安倍はこの年には『雲つかむ夢』の失敗から立ち直り、早くも三冊目の自作『ひとりぽっちの戦争』を書いている。これはあるトラブルから開発会社と対立し、殺人を犯した天才マタギの物語で、服役している刑務所や裁判所に通いつづけて書いたもので、よく売れた。

一年間で三十一点の新刊を出し、自分の本も書き、二月には二カ月間、南米に出かけている。二度目の南米行きである。全身これエネルギーという感じで、なにかをしていないと損をしてしまう、といつも気持ちが急いていた。

このやみくもに走りつづけた三年ほどの間に、見えない手で大きな落とし穴を自分で掘りつづけていた。

印刷所の支払いである。あまりに出す本が増え、この時期には三つぐらいの印刷所を掛け持ちで使っていた。そこそこに本が売れ、お金も入ってくるので気分的には苦しいという意識がなかった。今考えると冷や汗ものなのだが、これは資金繰りに苦しまなかったのではなく、どんどんふくれていく借金を印刷所が大目に見てくれ無理な請求をあげてこなかっただけである。

本の売れ行きが止まり、企画に詰まるようになると、とたんに印刷所の請求は厳しくなり、その借金が重く肩にのしかかるようになった。

追い討ちをかけたのは増刷だった。詳しくいえば増刷に関しての甘い認識、である。本が売れるので後先も考えずに増刷をしまくった。一年に十五点近く増刷をした年もあった。増刷は資金回収が極端に遅い。しかも読者層が限られている地方出版の本は、倍々ゲームで読者がリンクして増えてはいかない。

八五年初頭、印刷所の借金は三千万近くにふくれ上がっていた。本作りよりも資金繰りに頭を痛め出したこともあり、八五年になるとパタリと出版の勢いは止まった。通常の半分の二十点の本しか出ていない。増刷が五点、自費出版が五点あるから実質的には十点の企画本だけである。

ここにきて急にブレーキがかかった。

「あれ、何か変だなあ」と思いはじめたのは事務所に訳のわからない人が訪ねてきては業態などを根掘り葉掘り聞き出そうとしたり、外出や県外出張のたびに尾行がついているような気がしたからだ。行く先々で無明舎の苦しい経営内容をよく知っている人に会うし、銀行も印刷所も態度が冷たい。

「もしかして興信所が身辺調査しているのかな」

印刷所の借金は三千万を超えていたし、銀行からも一千万近い借入金があった。にもかかわらずノーテンキに新刊の原稿を入れつづけ、支払いのペースはいっこうに上がらない。

「もしかすればウチ以外にもかなり借金があるのでは……」

印刷所が疑って興信所を頼んでもなんの不思議もない。銀行や高利貸しから借金があれば、倒産したとき印刷所の借金は一番に踏み倒される。借金をふくらませるだけふくらませて一家で夜逃げなんかされたらたまったもんじゃない。

ある日、件の印刷所に出張した折、山形市郊外にある有名な山菜料理専門店に案内されたあと、印刷所のM専務は安倍の前で土下座した。

「お願いです。手形を切ってください！」

日頃から、どんなに苦しくなっても手形だけは切らない、と明言していた安倍も年貢の納めどきだった。

M専務はなんと涙を流していた。相手を説得するには怒るより泣くほうがずっと有効なことをこのとき知った。それでも最後の抵抗で、手形を切るのは一年後という「猶予」をもらった。

本を作ることよりも、借金をどうして減らすかという問題に神経を摩り減らす日々がはじまった。

結論はひとつしかない。

「競馬の負けは競馬で返す」

これ以外の道は考えられなかった。

会議を開き、『思い出のアルバム』の総集編ともいうべき『秋田県民１００年史』全三巻、九千八百円を十カ月後に舎運を賭けて発売することにした。

連日、深夜まで編集作業がつづいた。写真集の企画を選んだのは資金も時間もほとんどないので手持ちの材料で料理する必要があったからである。できるだけ高額な商品で、かつ一般受けし、確実に三千部以上の部数が見込めるもの。それには郷土の写真資料に頼るしか選択肢はなかった。

年が明けて八六年五月、『秋田県民１００年史』は

完成した。この「１００年史」が売れなければ十中八九、無明舎は倒産である。

予約は好調だった。いや今だからこんなノーテンキなことが書けるのだが、当時は予約の数がいくら上がってきても不安は消えなかった。三千五百部作ったが予約は二千ちょっと。事前予約としては高レベルの数字である。

刊行日当日から追加注文が入りはじめた。

一週間後には手持ちの在庫がすべて売れた。当然、返品が二割ほどあるが構わずに追加注文を受けつづけ、返品分も二週間ほどで完売した。

印刷所に売上金のほとんどを支払った。

借金は一夜にして消えた。

そして皮肉にも、この「１００年史」の印刷代金から無明舎は初めて手形を使うことになった。

印刷所との約束で前の借金を返したら次からは「手形決済」という言質をとられていたのである。

「100年史」の高成績に気をよくして、もう一匹、大型のドジョウを狙ってみた。

『秋田県近代総合年表』の製作である。資料は山ほどあった。これまで製作した本のために集めた資料をムダなく生かせ、自分たちにとっても必要な資料集でもあった。『秋田県民100年史』の興奮さめやらぬうちから編集作業はスタートした。

担当は歴史に強いE。毎日、図書館に通い、秋田県に関する出版物であればどんな物でも巻末の年表部分をコピーし、アルバイト数名使い、資料整理や事項のカード作りがスタートした。ひとつひとつの事項に「典拠名」をいれるかどうかで迷ったが、繁雑さをおそれていれないことにした。

基礎資料はあんがいスムーズに集まった。

「これならアルバイトも含めて十人もいれば、一年ぐらいで編集作業は終わっちゃうな」

という安易さが落とし穴だった。取り組んでいるうちに「もっとレベルの高いものを」と高望みしていき、

「この程度のものを出しったんじゃ笑われちゃうよ」

と作業はエスカレート、時間と金の底なし沼にはまり込んでいった。

零細企業がいつお金になるかわからない本に長時間没頭しているわけにはいかない。とりあえずは基礎資料の収集が終わった時点で、専従をE一人にして、ほとんど自宅で（出舎すると雑用が多くなるので）作業をしてもらうことになった。

「こんなしんどいのならやるんじゃなかった」

という後悔が芽生えていたが、外に向けて大宣伝を展開してる手前、引き下がるわけにはいかなかった。

何度か「刊行延期」をくり返しながらも、一九八八年二月、B5判上製函入約五百頁の『秋田県近代総合年表』（定価一万二千円）は完成、刊行になった。

どうにか思い通りのものを出すことができたが、売れ行きはいまひとつだった。労多くして益少なしの典型的な本だった。

6 ジグザグ迷路へ

『秋田県近代総合年表』で深い疲労の極に突き落とされた。

出版をはじめて十三年目のことである。

翌年一月七日、昭和天皇が亡くなった。

身辺はなにかとあわただしかったが、出す本のエリアは広く東北の隅々まで広がっていた。

とくに各地方新聞社の連載を本にする仕事に情熱を燃やし、仙台の河北新報社や新潟日報社の新聞連載にまで手を広げた。東北各地には専業出版社といえるものがほとんどないことが幸いして、ほぼ独占状態で新聞連載物を出版することができた。

その一方で、昭和天皇逝去騒動に相乗りして刊行した『秋田県昭和史』が思わぬトラブルでコケてしまった。この本はB５判・二百四十頁・上製の大型本で、写真と毎日新聞秋田版の記事を使って昭和をふり返る企画である。予約段階では二千を超す電話や手紙注文があり、最初の三千部出版を上方修正して四千部に変更したほどだった。

ところが本が出るや否や返品が相次いだ。写真は鮮明なのだが新聞記事のほうが印刷不鮮明で活字がまるで読めない、という抗議である。

校正段階では新聞記事も読めたし何の問題もなかった。印刷所の製版段階で写真の鮮明さに気をつかうあまり記事のほうの精度が粗くなり文字が飛んでしまったのである。

後の祭りだった。編集者として印刷所に事前に厳重注意しなければならない作業を怠ったのが原因である。

この『秋田県昭和史』の返品騒動のあたりから、安倍個人にグワ〜ンという強烈なスランプが襲ってきた。印刷代の残債も三千万円代を割ることはなく、手形決済も両肩に厳しく重しを加えていた。

「まるで印刷所のために仕事をしてるようなもんだな

あ……」

そんなグチがひんぱんに安倍の口から出るようになっていた。本を出せども出せども借金は減らず大きくなるばかり。なんのために仕事をしてるのか。地方出版なぞ大いなる幻影ではないか。こんなことで、信じてついてきてくれるスタッフの老後に責任が取れるのだろうか……。そんなことを考えながら眠れない夜を過ごす日々がつづくようになった。

時期でいえば九〇年代のはじまり、安倍自身が四十歳代にはいるのと時を同じくしていた。

三十九歳の後半から四十二歳まで安倍はこの得体の知れない精神的な暗い空洞の中をさまよった。

二年以上の長いスランプだった。一度その穴の中に落ち込むと容易には這い上がってこれなかった。本が少しばかり売れて束の間の喜びに浸っても、印刷所の担当者とトラブルを起こしたり、ほかの本に重大なミスが指摘され、やり直したりと、気の休まるひまはなかった。

スランプの原因をただせば「資金繰りの悪化」にあるのは火をみるより明らかだった。

四十歳を超えたあたりから、本を出してはその資金繰りにあたふたする、という蟻地獄のような円環構造にゲンナリしていた。

「もうそろそろ新しいやり方を考えたほうがいいのではないだろうか」

「いくらなんでも、こんな苦労ばっかり多くてむくわれない仕事ってのはないだろう、なんとかしなければ」

アセリが生まれ、自分の仕事に対する深い懐疑が芽生えていた。といってすぐに方向転換することなどできなかった。出版から大きく逸脱した仕事はとてもできそうにない。じっとうずくまり、できるだけ赤字を出さない本をコツコツと出しながら、嵐の通り過ぎるのを待つしかない。そして、毎月の手形を落とすのに四苦八苦する日常から早く抜け出したい。趣味といってもとりたててない安倍は、仕事のことを忘れるかのように自分の趣味的な原稿書きに没頭し、現実から目をそらすことばかり考えていた。

八九年頃から九四年はじめまでの四年間で、安倍は七冊の自著を出版している。年間三十点以上の新刊を四人の舎員で出しながら、その合間に自分の原稿を書きまくっていた。自分で自分にノルマを与え「原稿締め切り用舎内報」と名付けたワープロ印字・コピー刷りの小冊子に多いときでは月間百五十枚もの原稿を書き散らしていた。物書きとして認められたかったわけではない。出版社としての無明舎の知名度を上げる最適の方法だと考えたのだ。自分の本を出して会社が有名になれば一挙両得ではないか。何よりも原稿を書いている間だけは資金繰りや未来の不安をきれいさっぱり忘れることができる。しかし、スランプを克服するのに原稿書きに精を出すというのは免疫療法みたいなものである。活字の世界で打ちのめされて、そこから這い上がるためにまた活字の世界に頼らざるを得ない、というのがすごく情けない気分でもあった。

努力（？）のかいがあり出版より先にアルバイトの「原稿書き」に光があたりはじめた。

四十代にはいって初めて他の出版社で出した『毎日がコメ騒動』（平凡社）がよく売れた。

スランプの最中で、仕事で人と会うのも極端に億劫になり、自分の内へと沈み込んでいる時期だったが、本が売れると取材依頼や講演依頼がひっきりなしにくるようになった。一回お喋りすると三万から五万のお金がもらえた。そのお金は最初月末の資金繰りの足しになったのだが、この頃からなぜか軌を一にして本業の出版物の売れ行きも上向きになり、資金繰りはおだやかにだが楽になっていた。

自分の講演料が預金通帳に振り込まれ、そのお金が二、三カ月たってもおろされずそのまま残っている、という信じられない現象が起きていた。

これまでは形だけでもらっていることになっていた給料も決まった日にちゃんと口座に振り込まれるようになった。

「今年は成績がいいようですから税金が大変ですよ」

そう税理士にいわれて、はずかしいのだが初めて利益が出ていることを自覚した。道理でいつまでたっても口座のお金が減らないばかりか二十万円、三十五万円、六十二万円と毎月わずかずつながらも通帳残高が増えている。実感はないが経営的に黒字が出ているらしい。

が、いくら数字の上で儲かっているといわれても、現実には印刷所に常時二千万円近くの借金があったし、銀行からの借入金も一千万を切ることはなかった。

借金の数字を減らすのがこの十年間の最大の課題だったから、一円でも余分に入ったお金は即、印刷所や銀行に払うことに専念していた。自分の預金通帳の額よりも印刷所の借金が減っていくのが数倍うれしかった。

九二年には印刷代をほとんど即金で払いながら、なおかつ前の借金の分も上乗せして払い、印刷所の借金も一千万円を切るところまで縮小した。借金額を減らすのがゲームのようで楽しかった。

それでも九二年は、過去の在庫や借入金との兼合いで、それほど税金は取られなかった。倉庫二つ分の在庫が節税対策に役立ってくれたのである。

九三年は、前年度よりも三〇パーセント売上が伸び、一億円の大台を突破寸前までいった。数字音痴の安倍にも、税金対策を真剣にやらなければ大変なことになる、という切実さがようやく芽生えてきた。

「金っていうのはね、どんな努力したって出ていくときは出ていくばっかり。その代わり入ってくるようになると、いやだいやだと思ってもドンドン入ってくるもんなのよ」

といった友人の言葉を少し理解できるような気がした。

九四年、年商がようやく目標額を超えた。

その勢いをかって九五年も右肩上がりで年商は増えつづけた。

舎員は増やさない。会社は大きくしない。接待費や交際費は限りなくゼロ。物は大切に使う、というよりも浪費はする時間がないからできない。おまけに製作コストも印刷技術の革新でどんどん安くなりつつあった。

経営としては好循環に入りはじめたのである。

出版専業会社として歩みはじめて二十年がたっていた。

7 前半をふりかえって

一九九三年十一月、秋田市内のホテルで「無明舎創立二十周年記念パーティー」を開かせてもらった。直前まで、自分たちが華やかな舞台の主役になろうなどとは露思っていなかったのだが、このときばかりは魔がさした。身がちぢむ思いで一夜をやり過ごしたが、このときの経験から、慣れないことはするべきでないことを痛感した。もし三十周年のお祝いをやるようなことがあれば、そのときは、もち屋はもち屋らしく活字の記念誌を出そう、と心ひそかに考えたものだ。

二〇〇二年初頭、「今年が三十周年だなあ」と頭の隅にあったものの、秋までに年表や目録を中心にした小冊子でも出そうか、とぼんやりとした輪郭をイメージするぐらいの心の準備しかしていなかった。

仕事がひと山こえた夏以降、ボツボツと周辺資料などを集め出したが、これが思っていたよりも難作業だった。この三十年間、ミニコミ誌や活字媒体になにかしらの、そのつど舎の活動や個人的な出来事を書き散らしてきたので材料には事欠かないと油断していた。丁寧に舎の歴史を追っていくと資料が何も出てこない時期がけっこう目立ち、その穴を埋める記録がほとんどないという事実に唖然とした。ほとんどが身辺雑記に近い雑文しか残されていないのだ。

そこで早々と「公式の舎史」（時系列に沿った正確、厳密な歴史）はあきらめ、舎主が書き散らかした自慢話や益体のない雑文をつなぎ合わせて、フィクショナルな「舎史ものがたり」でお茶を濁すことにした。したがって、舎史とは名ばかりの「雑文で綴る極私的三十年物語」である。

しかし、起業者自身が驚いているのだから世話はないが、よく潰れずに三十年間も持ちこたえたものだ。その理由をつらつら考えてみると、

（一）舎主も含め舎員を四人以上に増やさなかったこと

（二）出版・編集以外の仕事に手を出さなかったこと

（三）あらゆる団体や組織、文化人や権威的機関と距離を置いたこと

（四）同業他社のまねを極力戒めたこと

が要因として挙げられるような気がする。

（一）に関していえば、理念として小出版を目指したというよりも、倒産しても舎主一人で責任を取れる範囲に組織をとどめたかったから、という消極的理由によるものである。舎主のわがままな経営や信念で、舎員の生活が左右されないためのブレーキが必要だったのである。結果的に少人数主義が軸足のブレを少なくし、主力メンバーが四半世紀もの間、変わらずそのまま残ってくれた。逆にいえば、新入舎員をとらないという方針で世代交代が進まず、後継者問題に手がつけられないまま今日まできてしまった、という課題も

残したことになる。
（二）は、本業以外に何もできないから自然にそうなったまでだが、経営的に苦しくなると何度か商売替えに悩んだのは事実である。結果的には資金も勇気もなく、この世界にとどまるしか術はなかったというのが正直なところである。
（三）は、この方針が正しかったのかどうか今も自信はない。舎主が優柔不断で文化人になることで権力を持ったように勘違いしたり、文化団体や政治組織のヒモ付きになって、自分の置かれている立場を忘れてしまうのが怖かった。出版パーティーや選挙関連の行事、官公庁のナントカ委員の類も断るように決めていた。もちろん賞や勲章、政治の右や左とも無縁。横や縦のしがらみばかり多い地域コミュニティー（ムラ社会）では〈断る〉という行為はけっこう勇気がいるのだが、そこで孤立無援を三十年間貫き通せたことには、ちょっぴり感慨がある。
（四）に関しては、地方出版は基本的に「モノマネ企画」や「柳の下のドジョウねらい」が横行する世界で、特に地元新聞社などでは他県で当たった企画をまねる傾向がパターン化（ネットワーク化）している。沖縄でヒットした企画は秋田でも流用できるし、他県の売れ筋を参考にしながら販売部数の決定を下すのが常識で、それ自体は悪いことではない。しかし、売れ筋はその風土や地域性（環境）と密接な関係があり、企画をまねても「こける」率がけっこう高いことはあまり知られていない。他県のことを気にするよりも、「どうぞ、私たちの本をまねてください」というぐらい個性的でなければ、インパクトのある本を継続的につくり出すのは難しいのだ。

本文に入る前に、何点かご注意いただきたい点を列挙しておこう。

まず、お断りしなければならないのは無明舎の創立は一九七二年九月だが、出版専業の無明舎出版になったのは一九七六年で、「三十周年」は改組時ではなく創業時の年を起点にしている。また、個人的な物語性の強い「舎史」のため、全体像がわかりにくいと思うので、この場を借りて三十年間の大筋の流れを解説しておきたい。

無明舎の歴史は全体を五年単位、六期におおまかに分類できる。

一期は創立前後で「幸運なスタートの五年」である。処女作『中島のてっちゃ』のベストセラー（といっても一万部だが）とその威光（?）で、出版社としてはまずまずのスタートをきることができた。出版はみずもので能力のある人でもスタート時につまずいて退場してしまう人も少なくない世界なので、処女出版が秋田県内とはいえベストセラーになるというのは、幸運なスタートだったといえる。

二期は「無我夢中の五年」である。心のなかにあった、あの人の本を出したい、こんな本も出したい、といった願望を次々に実現していった。社会的にも「学生アルバイトの本屋さん」のイメージから抜け出し、商業出版社として書店や取次などと本格的に仕事をしはじめた。それにともなって舎員の給料問題や社会保障に対してもちゃんとした対応を余儀なくされた、ひとり立ちの時期である。

三期は「試行錯誤の五年」で、年間四十点近い本を作れるように技術的には進歩したが、借金もそれに比例して増えはじめ、出版事業の難しさを実感しだした。舎員たちも次々に家庭を持ち、子供ができ、経済的に安定が必要になり、これまでのような「どんぶり勘定」では立ち行かなくなりはじめ、壁の前で立ちすくむことが多くなった。

四期は「不調の五年」と位置づけられる。本を出すスピードはますます加速したもののミスが多くトラブル頻出、借金に追いつめられ、なにをやってもうまくいかなかった。この時期、九〇年代前後の三年間（舎主の厄年と時期が重なる）は真剣に倒産や廃業を考えている。

五期は九〇年代前半から蒔いていた種が徐々に実りはじめ、ようやく希望の見えはじめた「光明の五年」である。資金繰りの苦労からも解放され、仕事に集中できる環境が整い、創立以来初めてといっていい余裕が出はじめた時期である。

六期は、二〇〇〇年を前後して情報通信、印刷などの技術革新に呼応する形でインターネットによる直販、ホームページの充実、ダイレクトメールの強化、東北各書店の販促拡大など、経営安定に向けたさまざまな営業的試みや設備投資を積極的におこなった。大きなミスもなく「安定の五年間」といえるだろう。念願だった年商目標額も二〇〇一年に達成、二〇〇二年には夢にまで見た無借金経営を実現させた(一時的にだが)。

「幸運」ではじまり「無我夢中」「試行錯誤」を経て「不調」に陥り、ようやく「光明」から「安定」へと推移した三十年である。

最後がなんとなく大団円で、借りてきたサクセス・ストーリーになってしまったが、これからの五年が「地獄」になる可能性も少なくないのが出版という仕事の宿命である。だからこの舎史を編む直前まで潰れずに、このような記述ができたことを書店や読者、著者、印刷所、デザイナーや取次の関係者の方々にまずは感謝したい。

最後に重複になるが、本書は安倍の個人的な身辺雑記を再構成して作られた「舎史」である。くれぐれも眉に唾して読んでいただきたい。著者名が「無明舎出版編」でなく個人名になったのもそのへんの事情によるものである。

また、有料にしたのは「読みたい人に読んでほしい」という理由からである。ただで配って古本屋に売られたり屑箱に捨てられるのは屈辱だが、お買い上げいただいたものであればたとえ尻を拭かれたとしてもなんの異存もない。

舎主である安倍は、個人的にもう二十年は現役でこの仕事をつづけ、本書の続篇として「五十年史」を編みたいものだ、と思っている。そのために必要なのは体力である。才能に恵まれない凡人が、この世界で生き抜いていくには「持続」を武器に闘うしかない。「持続」を支えるのは「体力」だ。大病を得ず頑強な身体に産んでくれた両親に感謝し、日々、健康管理と体力維持に励んでいる今日この頃である。

第三章　略年表

年月日	事項	年間刊行書籍（ある一定期間、書店で市販しなかった書籍は除いてあることをお断りしておきます）
無明舎前史		
一九四九年一〇月九日	安倍、秋田県湯沢市に敬（たかし）、ユキの長男として誕生	
一九六八年三月	秋田県立湯沢高校卒業	
一九六九年四月	秋田大学教育学部入学	
一九七〇年六月	〈七〇年安保〉のデモで逮捕される	
一九七二年（昭和47年）		
七月	資金稼ぎとしてガリ版刷り小冊子を大学構内で販売。本を売る仕事に目覚める	
八月	秋田大学前に一軒家を借り、古本屋と企画事務所をつくる	
九月	仲間の協力で古本屋・企画イベント・学習塾経営の「無明舎」を設立	

一〇月	古本屋横のスペースに珈琲閲覧室「舎利」を増設
一〇月	ミニコミ誌などを東京・模索舎から仕入れ開始。現代書館「反教育シリーズ」などの出版社から直接仕入れもはじめる
一九七三年（昭和48年）	
一月	秋田魁新報に「学生社長」として紹介記事載る
五月	舎に集まる若者たちを中心に野球チーム結成。「ヤング」と「オールド」の年代別チームを編成
一九七四年（昭和49年）	
三月	珈琲閲覧室「舎利」廃止。常連客のたまり場になり、風通しが悪くなったため
四月	舎内２階で中学生の塾「手形学習教室」をはじめる
六月	Ｂ、無明舎を本格的に手伝うため東京から秋田市へ移住
九月	山形県鶴岡市に舞踏集団「北方舞踊派グラン・カメリオ」（ビショップ山田塾長）が稽古場を開設。土方巽、麿赤児らと共に稽古場開きに安倍も出席
一〇月二五日	プレイガイド・マガジン『月刊んだんだ』発行開始（ブランケット両面刷り八折のミニコミ誌・定価１００円・発行部数３０

	00部）
一一月九日	映画「野坂昭如五二七、二二四」を自主上映（秋田県労働会館ホール）
一一月二一日	「羅生門ロックダンス・パーティー」を主催（秋田県産業会館）
一九七五年（昭和50年）	
二月八日	演劇集団「不連続線」（菅孝行主宰）公演を主催（秋田県産業会館）
四月	コンサート用ＰＡシステムおよび軽自動車（引越し用）貸し出し業務開始
五月四・五日	「桜吹雪フォークフェスティバル」（４日秋田市、５日能代市）を主催（出演は山平和彦、友川かずき、田吾作、マイペース、とんぼちゃん、おたまじゃくし等）
六月一日	秋大祭・野外ロックコンサートをプロデュース
六月二七・二八日	黒色テント「演劇センター68/71」の「阿部定の犬」公演を主催（山王児童公園）
七月一八日	「粟津潔映像個展・講演会」を主催（大町ビル）
七月一九日	「小中陽太郎講演会」を主催（秋田県労働会館）
八月一二日	「友川かずきコンサート」を主催（羅生門）
八月一三日	甲斐バンドと地元バンドのジョイントコンサート「ベストin夏」を主催（大町ビル）

八月一七日	「'75ミッドストリート・サマーロックコンサート」を主催（ミッドストリート、明日のジョー、メイクラブカンパニーといった地元バンド出演）（秋田県産業会館）
九月二〇日	「友川かずきコンサート」を主催（羅生門）
一〇月二三日	「多摩小劇場」公演を主催（秋田県労働会館）
一〇月	黒色テント「演劇センター68/71」の「キネマと探偵」公演を主催（山王児童公演）
一一月	出版社「秋田書房」（山本郡二ツ井町）が二人の若者の手で旗揚げ
一二月二七日	「オール秋田ロック・フェスティバル」を主催（秋田県産業会館）
一二月	「北方舞踏派グラン・カメリオ」の「塩首」公演を主催。生きた馬やヒヨコを使う舞台で、失神者や退場者が続出する（秋田県労働会館）
一九七六年（昭和51年）	
二月	東京に小出版や地方出版本の専門取次「地方・小出版流通センター」が発足
五月一〇日	安倍、『中島のてっちゃ』（無明舎）を出版。これを機に「無明舎出版」と舎名を変える
五月一五日	「ソウルフル・コンサート　上田正樹とサウス・トゥ・サウス」を主催（秋田県産業会館）

「中島のてっちゃ」（あんばいこう）
「野生のカモシカ」（米田一彦）

六月一〇日　『中島のてっちゃ』増刷出来

六月　「秋田地方出版協会」設立に参画する

七月一〇日　『中島のてっちゃ』三刷出来

七月　『月刊んだんだ』8月号で休刊（通巻23号目）。本格的な出版社としての準備に入る

八月　地方・小出版流通センターの出荷センター（書肆アクセスの前身）から月刊情報誌「アクセス」刊行

一九七七年（昭和52年）

一〇月　新書のシリーズ「んだんだ文庫」1冊目、奥村清明著『秋田の山』刊行。以後、続々と刊行される

一〇月　安倍、菅原真寿美と入籍、結婚（式、披露宴は行わず）

一一月　安倍、初の海外取材でブラジルに1カ月半滞在。アマゾン・トメアスーで心臓病に苦しむ少年・大島孫鷹に会い、その救援をマスコミに働きかける

※この年、『中島のてっちゃ』増刷を除いて5点の新刊。出版社として本格的な一歩をしるす。

「雪国の絵本」（ほった 圭）
「死にぞこないの唄」（友川かずき）
「最後の狩人たち」（長田雅彦）
「秋田の山」（奥村清明）
「ハタハタ」（渡辺 一）
「秋田の野鳥」（西出 隆）

一九七八年（昭和53年）

三月　大島孫鷹の記事が朝日新聞全国版に載り、カンパや反響が続々と届く

四月　C女史、写植オペレーターとして入舎。同時に中古の写植機とコピー機を導入する

七月　サンケイ新聞「明美ちゃん基金」で大島孫鷹の来日決定

八月　大島孫鷹、母親と共にアマゾンから帰国。全国の善意で東京・京王病院で検査を受けるが病弱のため手術延期

※この年、刊行点数は17点。満を持して刊行した『あきたの民話絵本』（全六巻）は売れず。

一九七九年（昭和54年）

三月　地域写真集『思い出のアルバム』の取材開始

一〇月　15歳になった大島孫鷹、笹塚小学校5年生に編入

一一月　E、編集部員として入舎

「あきたの民話絵本〈全六巻〉」（沢木隆子他）
「小野小町」（小野一二）
「白鳥が飛んでいるのは我々の時代の空ではない」（簾内敬司）
「秋田の薬草」（小松昌二郎）
「秋田市街べんり地図」（無明舎出版編）
「大潟村」（清水　弟）
「秋田のつり場ガイド」（虻川進一）
「花園」（梓　永子）
「風の故郷」（あゆかわのぼる）
「日本無名詩集」（畠山義郎編）
「褸骨の指輪」（山川三太）
「吹雪の海に黒豹が」（友川かずき）

「石の語部」（伊多波英夫）
「喜びのミクロコスモスⅠ」（河本義清）
「秋田ふしぎ探訪」（無明舎出版編）
「アウトサイドストーリー」（吉沢悦郎）
「地方自治の構造」（山本貞夫）
「佐竹氏と久保田城」（渡部景一）
「わが北方教育の道」（加藤周四郎）
「民謡の里」（読売新聞秋田支局編）
「雪国中年子守唄」（あゆかわのぼる）

一九八〇年（昭和55年）

三月　全国で初めての地方出版社のブロック組織「東北出版人懇談会」発足（東北35の出版社が参加・会長高橋彰一　津軽書房社長）

四月　「東北の本」ブックフェアが東北各地で開催。好評を博す

五月　秋山牧氏に経理・税務を一任

六月　『佐竹氏物語』、茨城県内の茨城教販を通して販売

九月　新舎屋が現住所に完成。十五坪の二階建て。これを機に「有限会社無明舎出版」に改組

一〇月　FAX導入。内線可能電話設置も切り替えに四苦八苦

一〇月　コーヒー、インスタントから豆使用へ（コーヒーメーカー）

一一月　地元紙に一面全三段広告を初めて出稿

※この年、『思い出のアルバム』シリーズを矢継ぎ早に出し、その回収金を舎屋建築費に回す自転車操業。

「喜びのミクロコスモスⅡ」（河本義清）
「写真集岐路にたつ村」（宮野明義）

「秋田艶笑譚」（野添憲治編）
「続秋田艶笑譚」（野添憲治編）
「思い出のアルバム大曲」（渡辺　実・富木耐一監修）
「思い出のアルバム能代」（野添憲治監修）
「思い出のアルバム横手」（伊澤慶治監修）
「思い出のアルバム本荘」（木村与之助監修）
「バス時刻までの海」（文・砂室　圭　写真・小阪満夫）
「思い出のアルバム鹿角」（高橋克三・栗山小八郎監修）
「思い出のアルバム北秋田郡」（無明舎出版編）
「佐竹氏物語」（渡部景一）
「思い出のアルバム湯沢」（無明舎出版編）
「秋田俳句歳時記」（風早　郷）
「ネパール紀行」（野添憲治）
「思い出のアルバム男鹿」（無明舎出版編）
「続々秋田艶笑譚」（野添憲治編）

一九八一年（昭和56年）

二月　東京・池袋西武デパートで「みちのくの本一千点」フェア開催

四月　舎員の定期健康診断を開始する

五月　舎の経理・税務を担当する秋山氏が所属会社から独立、秋山牧税理士事務所を開設

九月　大型バスを仕立て「法体の滝」（由利郡鳥海町）へ鍋っこ遠足

一〇月三日　大島孫鷹、東京・京王病院で死去（享年17）

一九八二年（昭和57年）

二月　東京・池袋西武デパートで「全国ふるさとの本まつり」ブックフェア開催

五月　B、結婚（仲人は鐙治琅夫妻）

一一月　本城屋勝著『わらべうた研究ノート』叢園賞受賞

一一月二〇日　安倍、『雲つかむ夢』（無明舎出版）を出版

「雪の生活学」（恩田重男）
「戦争と教育」（秋田県教職員組合編）
「「地方」出版論」（川上賢一編）
「秋田山菜の山きのこの森」（永田賢之助）
「思い出のアルバム南秋田郡」（無明舎出版編）
「初期ギリシャ哲学における物質概念の展開」（山本建郎）
「鳴竹塾瓦版」（遠藤　康）
「おろろん海峡」（菅　礼子）
「ユバ農場」（野添憲治）
「掛け軸作り入門」（澤石金治郎）
「カラフト流民系譜」（関口弘治）
「花岡ものがたり」（新居広治・滝平二郎・牧　大介編）
「思い出のアルバム大館」（伊多波英夫監修）
「思い出のアルバム土崎」（無明舎出版編）
「秋田ローカル線今昔」（田宮利雄）
「図説　久保田城下町の歴史」（渡部景一）
「村と農を考える」（佐藤喜作）
「秋田県遊里史」（佐藤清一郎）
「日中戦争出征日記」（木村源左衛門）
「聞き書き 花岡事件」（野添憲治）
「秋田野の花山の花」（畠山陽一）
「さるこ沼哀歌」（佐藤三治郎）

一九八三年（昭和58年）

五月二六日

日本海中部地震発生する

「転ばぬ酒の杖」（秋田の精神衛生を考える会編）
「佐々木昂著作集」〈全1巻〉（佐藤広和・伊藤隆司編）
「復刻教育北日本」（北日本国語教育連盟編）
「わらべうた研究ノート」（本城屋勝）
「横手・平鹿の美術」（「横手・平鹿の美術」刊行委員会編）
「秋田のきのこ」（畠山陽一）
「角館の祭り」（富木耐一）
「野面石」（武田金三郎）
「朝の骨」（友川かずき）
「わらべうた文献総覧解題」（本城屋勝）
「喜びのミクロコスモスⅢ」（河本義清）
「雲つかむ夢」（あんばいこう）
「さようなら狼」（河本祐一）
「農婦たちの戦後史」（和田勇治・野添憲治編）
「図説角館城下町の歴史」（林　正崇）
「花塵録」（今野賢三著・佐々木久春編）
「熊と雪崩」（新林佐助）
「あきた雑学ノート」（読売新聞秋田支局編）
「秋田武鑑」（則　道著・三浦賢童編）
「聞き書き資料　秋田杉」（野添憲治）
「秋田鉄道一〇〇話」（田宮利雄）
「民具ものがたり」（田口　清）
「フィリピン・ノート」（和田多七郎）
「成仏岩」（河本祐一）

一九八四年（昭和59年）

二月　安倍、ブラジルを中心に　1カ月半、南米各地の移民取材

四月　津軽書房、不渡りで銀行取引停止。仕事はそのまま続行するものの「東北出版人懇談会」は有名無実に

五月　安倍、過労のため市内の個人病院に1カ月間入院（病名は十二指腸潰瘍）

五月　ある著者の出版物が盗作問題で裁判に

六月　初のワープロ購入

一一月　吉田昭治著『連座』叢園賞受賞

一一月二〇日　安倍、『ひとりぽっちの戦争』（無明舎出版）を出版

※この年、ノンバンク小口融資をひんぱんに利用。

「市右エ門の玉手箱」（野添憲治）
「復刻秣澤歳時記」（佐藤金重・佐藤平治）

「秋田「物部文書」伝承」（進藤孝一）
「連座」（吉田昭治）
「凍野の歌」（吉田亀子）
「職安窓口からの報告」（大高貫一）
「秋田薬草図鑑」（畠山陽一）
「私は明治の秋田女」（鷲尾よし子）
「秋田日記」（熊谷新右衛門）
「椿説丹下左膳」（菊池　豊）
「村の落書き」（畠山鶴松）
「十全の魚ォ竿ォひとり旅」（あべ十全）
「風と星とペダルを友に」（木村幸弘）
「この子らに学ぶ」（戸田金一）
「図説大曲・仙北の歴史（上）」（佐藤清一郎）
「秋田市歴史地図」（渡部景一編著）
「手形山の草花」（小林喜代廣）
「図説大曲・仙北の歴史（下）」（佐藤清一郎）
「ひとりぽっちの戦争」（あんばいこう）
「思い出のアルバム秋田市（上）」（無明舎出版編）
「思い出のアルバム秋田市（下）」（無明舎出版編）
「図説能代の歴史（上）」（野添憲治）
「図説能代の歴史（下）」（野添憲治）

一九八五年（昭和60年）

四月　C、写植の仕事から事務職に異動、それを不満とし退舎

五月　印刷所や銀行からの借入金が三千万を超し苦境に

八月　秋田県内の聾者たちの「秋田聾人形劇団」（金子義償代表）中国公演に、ボランティアで舎員のB、Aらがスタッフ参加

八月　安倍、親しい出版仲間たちと中国旅行

一九八六年（昭和61年）

四月三日〜一五日　安倍、ジャーナリストと農業関係者による「北朝鮮訪問ツアー」に参加

六月　舎運を賭けた『秋田県民１００年史』（全３巻）完売。３０００万近い印刷所の借金を返済する

七月　安倍、体調不良のため近所のスポーツクラブに通い出す

八月　安倍、「ピースボート」の船旅（ベラウ・マニラ・台湾）に参加

九月二五日　舎の隣で飼われていた安倍宅の犬のソーラ、死す

「図説湯沢の歴史」（土田章彦）
「復刻知られたる秋田」（瀧澤酔夢編）
「私の農協組合長日記」（佐藤喜作）
「秘境への旅」（野添憲治）
「雪国ＳＬ物語」（田宮利雄）
「伊藤永之介「秋田」」（伊藤永之介）
「秋田の仏事」（大坂高昭）
「「銀座」と南十字星」（醍醐麻沙夫）
「ええふりこぎの思想」（あゆかわのぼる）
「あ・やぶにらみ秋田経営風土記」（荒谷紘毅）
「羽化のときに」（武田金三郎）
「写真集・長寿に学ぶ」（大曲農業高校写真部ＯＢ会編）
「過疎と出稼ぎ」（大高貫一）

「ブラジル移民の生活」（半田知雄）
「あきた小咄」（秋田太郎）
「秋田県民１００年史」〈全３巻〉（無明舎出版編）
「証言・花岡事件」（野添憲治）
「東雲原開拓四十年史」（野添憲治編）
「あきた夜冱い物語」（無明舎出版編）
「あきた怪異幻想譚」（加藤貞仁）
「むらざと通信」（野添憲治）
「続あきた夜冱い物語」（無明舎出版編）
「秋田の山歩き」（藤原優太郎編）

九月　F女史、アルバイト入舎。彼女の強い希望もあり「舎内禁煙」に

九月　カメラマンの小阪満夫氏、結婚

九月　『秋田県近代総合年表』の発刊を次年度に延期。内容的に満足できないため

一〇月二〇日　月刊個人通信（ワープロ印刷・B5・2折）「広面あんばい通信」発行。創刊号は150部印刷

一〇月　「週休2日制」を実施する

一〇月　屋久島の詩人・山尾三省氏の詩朗読会を主催（ムシェット）

一〇月　竹中労氏、民謡取材のため来舎

一一月　舎と友人たち30数名で高尾山（河辺郡雄和町）に鍋っこ遠足

一一月　藤庄印刷の四十周年記念式典に安倍出席（山形市）

※この年から印刷所への支払いに手形を使うようになる。

一九八七年（昭和62年）

三月一五日　「あぶみ書房の5周年と再出発を励ます会」主催。友人たちから80数万円のカンパを受け、「むつみ装飾」（「あぶみ書房」の親会社）との連鎖倒産危機を回避

三月　倉庫のデッドストックを八木書店に引き取ってもらう（初のゾッキ本）

「続々あきた夜這い物語」（無明舎出版編）

「農の山脈」（野添憲治）
「あきた落語」（無明舎出版編）
「東北の文庫と稀覯本」（河北新報学芸部編）
「せやみこぎの思想」（あゆかわのぼる）
「聞き語り最後の鷹匠」（朝日新聞秋田支局編）
「続あきた落語」（無明舎出版編）

月日	出来事	刊行書
三月	アルバイトのF女史、結婚のため退舎	「秋田の峠歩き」（藤原優太郎）
四月二一日～五月二六日	安倍、ブラジル・アルゼンチン取材旅行（カメラマン・宮野明義氏も同行）。サンパウロ人文科学研究所に寝泊まりしながら移民史写真資料の接写作業	「秋田いで湯一〇〇泉」（永井登志樹） 「石川理紀之助」（伊藤永之介）
四月	T女史、アルバイト入舎	
六月	E、結婚（仲人は安倍夫妻）	
七月	福岡の葦書房・久本三多氏が来舎。安倍、津軽書房の高橋彰一氏らと共に函館旅行	
七月	安倍、仙台放送で草柳大蔵氏とテレビ番組「新サンデー・トーク」対談	
八月	元模索舎の五味正彦氏がはじめた「本コミ・ネットワーク」（本の産直）に参加	
八月	サンパウロ人文科学研究所と共同で進行中の2本の移民史出版の企画、意思疎通が悪く断念する	
九月二四日	「マルセ太郎のロードショー」主催（田中屋）	
一〇月二二日	「豊田勇造コンサート」を共催（ムシェット）	
一〇月二四日	あゆかわのぼる、藤原優太郎、永井登志樹の無明舎本の同時出版パーティー（幻燈館）	
一〇月	「別冊宝島」の石井慎二編集長が来舎	
一〇月	G女史、Tと入れ違い入舎	
一〇月	市川雅由著『虫けらの魂』（私家版）刊行。地元新聞社をめぐるスキャンダルで県内騒然	
一〇月	ノンフィクションライター佐野眞一氏、秋田魁新報社問題取材	

のため来舎

一二月　白神山地・青秋林道建設の「異議意見書」を三十通集める。舎としての署名やカンパ活動はきわめて珍しい

一二月　津軽書房・高橋氏、日新広告・崎村氏、函館の幻洋社・東福氏らを招いて「フグを食う会」（伍助）

一二月　県内でフィリピン花嫁問題がかまびすしくなり、取材に山崎朋子さん来舎

※この年、秋田魁新報社問題、大潟村ヤミ米、フィリピン花嫁、白神ブナ原生林などの話題で東京からジャーナリストが押し寄せ、その応対にてんやわんや。

※『秋田県近代総合年表』は年内完成ならず年越し。

※手形を何度か振り出す。

一九八八年（昭和63年）

二月　予定より一年以上遅れ『秋田県近代総合年表』刊行

二月　T女史、結婚退舎

三月　サントリー佐治社長の「東北は熊襲」発言で県内騒然

三月　Tと河本祐一氏の手作り結婚パーティーを舎が主催（ムシェット）

四月　朝日新聞秋田県版に全三段広告を初めて出稿

「雪国はなったらし風土記」（無明舎出版編）
「秋田県近代総合年表」（無明舎出版編）
「続々あきた落語」（無明舎出版編）
「秋田「安東氏」研究ノート」（渋谷鉄五郎）
「過疎」（毎日新聞秋田支局編）
「鳥潟小三吉伝」（山田　稔）
「続・農の山脈」（野添憲治）
「詩集　残照の河へ」（あゆかわのぼる）

四月	中古の4WD・パジェロを購入
六月五日	安倍、市内トライアスロン練習会（スイム15㎞／自転車40㎞／ランニング10㎞）に初参加し、完走
八月	舎員旅行は山形・飛島へ。地方・小出版流通センターの有志も参加
一二月	近所のスポーツクラブ主催、第2回エアロマラソン男子の部で安倍、優勝

「百姓宣言」（高橋良蔵）
「あきた千夜一夜」（無明舎出版編）
「学校って、行きたい！」（清水和子）
「秋田の文化財」（飯塚喜市）
「あきた意外史」（無明舎出版編）
「佐竹氏秋田藩の台所」（渡部景一）
「お米の話」（鈴木元彦）
「あきた民間療法の言い伝え」（島田彰夫編著）

一九八九年（昭和64年・平成1年）

一月	月1回、フリーランスのカメラマンやライターが集う「フリーの会」を舎が主催して設立（3回しか続かなかった）
四月一日	消費税導入（3％）はじまる
四月	安倍、『広面んだんだ通信』（無明舎出版）を出版
四月七日	郊外に借りていた倉庫、隣りの老人のたき火から火事になる 保険に入っていないため事後処理に頭を悩ます
五月三一日	「月刊んだんだ劇場」発行。A5判・ワープロ印字・コピー印刷の30頁ほどの小冊子の舎内報。本にするための「締め切り用雑誌」として考案されたもの
五月	安倍、カヌーツーリングに参加し雄物川下り
七月	『秋田県昭和史』の印刷が薄く文字が読めないと苦情多く絶版、販売中止を決定

「あきた古代史ノオト」（無明舎出版編）
「ブナが危ない！」（無明舎出版編）
「秋田の山菜」（畠山陽一・畠山烈子）
「広面んだんだ通信」（あんばいこう）
「秋田やぶにらみ雑記帖」（毎日新聞秋田支局編）
「ムラの国際結婚」（新潟日報学芸部編）
「あきたこまち物語」（読売新聞秋田支局編）
「秋田県昭和史」（無明舎出版編）
「大太鼓の里」（宮野明義）
「秋田の酒蔵」（河本祐一）
「秋田はじめて物語」（無明舎出版編）
「林道」（河北新報編集局編）
「秋田のハイキング」（藤原優太郎）
「久保田城ものがたり」（渡部景一）

九月	A、岩手・葛根田川で山岳遭難。救出作業に3日がかかり、ヘリコプターで無事救助
一一月一五日～一二月一〇日	安倍、ブラジルの日本人アマゾン移住60年の取材
	※この年、総出版点数18点（うち増刷1点）。
	※印刷所とのトラブルが続き、倉庫は火事と絶望的な1年だった。

一九九〇年（平成2年）

二月	B、安倍、三吉神社で四十二歳の厄払い
二月	改組以来、9期目にして初の税務調査
三月	ドキュメンタリー映画監督・山谷哲夫氏来舎。安倍、同行して県内を3日間フィリピン花嫁の取材
四月	安倍、群馬県内の「出稼ぎ」ブラジル日系人を2泊3日で取材
六月	安倍、NHKテレビで西木正明氏と対談（秋田市立中央図書館明徳館）
七月	安倍、『毎日がコメ騒動』（平凡社）を出版
八月	芦川羊子率いる舞踏集団「グノーム」公演を主催（駅前ビル）
一〇月	舎員で「和賀山塊を愛する会」のメンバーと白岩岳（1177m）登山
一〇月	『ブナが危ない』（無明舎出版編）が第3回地方出版文化賞を受

「私の地域おこし日記」（佐々木三知夫）
「秋藩紀年」（原本・秋田県公文書館蔵）
「聞き書鉱夫の仕事」（高田源蔵述・河本祐一構成）
「復刻秋田郡邑魚譚」（武藤鉄城編著）
「あきた弁大講座」（あゆかわのぼる）
「秋田市いまむかし」（無明舎出版編）
「秋田民俗語彙事典」（稲　雄次編著）
「おもしろ秋田むかし考」（冨樫泰時）
「大館地方の歴史散歩」（鷲谷　豊）
「とっきんしゃんこ」（伴　颸）
「仙北花抒情」（田村武志）
「角館のお祭り」（藤木春悦）
「パンタナール」（中隅哲郎）

賞（鳥取県米子市）

一一月　日本画家「伴よう」個展を主催（こまつ）

一二月　事務所や自室にたまった大量の本を湯沢市立湯沢図書館に寄贈

※この年は本を出した影響もあり、賞をもらったり、テレビに出たり、講演依頼が舞い込んだりで多忙を極めるが、本の初歩的なミスも多く前年に引続き厄（やく）は続いた。

一九九一年（平成3年）

一月　安倍、能代市・唐津勲氏の文化発信空間「マックスパワービル」十周年祝賀会に参加

三月　安倍、「NHK東北ふるさと賞」を受賞（仙台市）

四月　成田三樹夫遺稿句集『鯨の目』が刊行。東京で芸能人たちが集い出版記念会

六月三〇日　G、子供の進学準備のため退舎

六月　『鯨の目』増刷決定、暗いトンネルの先に光が見えはじめる

七月　営業のB、秋田県内のみから東北の主要書店も販促対象に拡大

七月　安倍、大島孫鷹の十一回忌で北海道へ。そのまま函館・幻洋社の社員旅行に同行

八月　共同通信を中心に書評が連続で出たため複数の本が動き出してんてこまいの忙しさ

「秋田こわいこわい物語」（無明舎出版編）
「続あ」（荒谷紘毅）
「秋田市街べんり地図91」（無明舎出版編）
「鯨の目」（成田三樹夫）
「ひとりぼっちの鳥海山」（佐藤　康）
「秋田の渓流釣り」（虻川進一）
「身土不二を考える」（島田彰夫）
「新聞資料・東北大凶作」（無明舎出版編）
「秋田きのこ図鑑」（畠山陽一）
「新ツツガ虫病物語」（須藤恒久）
「十字の石」（佐藤三治郎）
「北秋・鹿角の美術」（無明舎出版編）
「郷土の史話と民俗」（打矢義雄）
「心は銀河」（詩・浅倉紀男　書・荒井星冠）
「生協の先駆者鈴木真洲雄」（渡部勇吉編著）
「山形百山」（坂本俊亮・菅原富喜）

九月	最大瞬間風速51・4mの台風19号。事務所のドアを飛ばされるだけの被害、目の前の草木が見る間に枯れていくのを目撃
九月	印刷所に対しサイト10カ月1500万円の手形を切る
一〇月	安倍、「刈穂酒造」（仙北郡神岡町）で「翁のソバを食べる会」出席
一〇月	安倍、『頭上は海の村』（現代書館）を出版
一一月	ブラジル・サンパウロの日本語新聞「パウリスタ新聞」の吉田社長来舎。資料貸与の件
一一月	岩手の遠野へ舎員旅行（1泊2日）
	※30点の刊行中15点が自費出版、5点が増刷。新刊の8割が増刷となり、前半は大不調だったが後半は資金繰りが楽になり光が見えてくる。
一九九二年（平成4年）	
一月	「月刊んだんだ劇場」通巻34号で一時中断。理由は忙しくなったため
三月	〈中島のてっちゃ〉こと工藤鉄治さん死去（享年75）
四月	業績好調のため手形支払い、前倒しですべて終了
四月	二トントラック二台分の不良在庫や粗大ゴミを処分
五月	事務所の壁面と屋根、便所などのリフォーム工事。12年ぶりの

「小野小町」（小野一二）
「あきた探鳥ガイド」（（財）日本野鳥の会秋田県支部編）
「神の領域」（武田金三郎）
「元慶の乱・私記」（田牧久穂）
「むら表現」秋田考」（鈴木元彦）
「本郷隆」（斎藤勇一）
「みみぶくろ」（嵯峨俊彦）
「秋田・源流の山旅」（藤原優太郎）
「村の文化誌」（佐藤 正）
「「梅津政景日記」読本」（渡部景一）

五月	お化粧直し 津野海太郎氏（晶文社）、高平哲朗氏といった先輩編集者の来舎あいつぐ
六月	安倍、『広面かだっぱり日記』（無明舎出版）を出版
六月	安倍、痛風で一カ月間通院生活。仕事のペース一挙に落ちる
七月	安倍、「首都圏出版人懇談会」に出席（栃木県奥塩原温泉）
八月	初の黒字決算。出版点数が増え赤字幅が小さくなる
九月	森吉山ダム工事事務所へ企画を提出。国との仕事は初めて
九月	「だびよん劇場」（青森市）の牧良介氏、肺ガンで死去（享年56）
一〇月	本の国体「ブック・イン・とっとり」（米子市）で、舎として地方出版文化功労章を受章
一一月	佐藤正著『村の文化誌』が叢園賞を受賞
一二月	安倍の妻、交通事故で県交通災害センターに入院のため、諸々のスケジュールに変更でる
一二月〜一月	安倍、ピースボートで東南アジアの船旅
	※県内の書店や執筆候補者、官公庁を意識的に回り、仕事を選ぶようになる。

「広面かだっぱり日記」（あんばいこう）
「写真資料秋田の民俗」（木崎和廣・鎌田幸男・稲　雄次編）
「秋田くらしのガイドブック」（秋元　浩）
「ゆざわの文化財」（湯沢市教育委員会編）
「あきた商法新事情」（あゆかわのぼる）
「詩集　残照の大地」（磐城葦彦）
「農の風に吹かれて」（高橋誠一）
「十文字ふるさと歳時記」（堀田忠夫）
「証言・土崎空襲」（土崎港被爆市民会議・佐々木久春編）
「あきた文学風土記」（田宮利雄）
「山田順子研究」（高野喜代一）
「秋田藩の政治と社会」（金森正也）
「詩集　道こ」（福司　満）
「斎藤宇一郎研究」（高野喜代一）

一九九三年（平成5年）

三月　事務所二階に小さなバーを作り、酒を飲めるように改装
三月　森吉山ダム工事事務所の依頼によりモリトピア選書『森吉路』刊行。以後、この選書は毎年継続となる
四月二四日　鐙治琅氏死去（享年72）。舎の連帯保証人であり、舎員が公私にわたって面倒を見てもらった後見人を失う
六月　45本もの原稿をかかえ、パニック状態つづく
六月　安倍、Bの高校時代の親友であるH氏自殺（前橋市）
七月　印刷所の一社体制を見直し、盛岡の熊谷印刷と取引開始
八月　安倍、B、湯沢高校二十期同期会に出席
九月　久々に「東北出版人懇談会」開催。安倍、参加（盛岡市つなぎ温泉）
九月　A、入舎。安倍がヘッドハンティングしたもの
一〇月　刈穂酒造で「そばと酒の会」。山梨「翁」のそばと函館「田沢」のてんぷら。
一一月一〇日　安倍、『力いっぱい地方出版』（晶文社）を出版
一一月　安倍、『少年時代』（無明舎出版）を出版
一一月　「無明舎二十周年記念パーティー」（秋田市・アキタニューグランドホテル）。250人ほどの出席者で盛況

※この年、42点刊行。うち増刷11点、22点が自費出版。

「核を撮る」（豊崎博光）
「検証・三沢米軍基地」（佐藤裕二）
「続・仙北花抒情」（田村武志）
「武藤鉄城研究」（稲　雄次）
「縄文の末裔・宮沢賢治」（田口昭典）
「秋田のお天気」（渡部　貢）
「原生林・里山・水田を守る！」（記録集刊行会編）
「諒鏡院・佐竹悦子の生涯」（伊藤武美）
「ギフチョウ属最後の混棲地」（草刈広一）
「前九年の役・後三年の役」（伊藤勝也）
「小坂鉄道」（千葉裕之）
「あきた鉄道史ノート」（田宮利雄）
「エクリチュールの横断」（佐藤公一）
「フルネスの海で」（今井　實）
「ひとりぼっちの入学式」（高橋省次）
「幻氷の岬」（宮越郷平）
「雪あな」（鈴木郁朗）
「角館発」（富木耐一）
「少年時代」（あんばいこう）
「みちのく名峰紀行」（高橋祐司）

一九九四年（平成6年）

※編集作業の簡略化のため、なかば強制的に著者にワープロ印字を勧める。

※Eの体調悪く休みがちに。

三月一九日〜	安倍、移民史取材のためブラジルへ
四月二日	安倍、秋田経済法科大学で前期週1回、非常勤講師として「地域社会論」の講義
四月	俳優・山谷初男氏の芝居小屋「はっぽん館」（仙北郡角館町）オープン。安倍、柿落としに参加
四月	初めてマッキントッシュのパソコンを購入
五月七日	安倍、『石井さんちのおコメ』（朝日新聞社）を出版。『朝日こども百科』の創刊号書き下ろし企画である
五月	E、体調不良のため在宅勤務に
五月	安倍、多忙に暴飲暴食のため出血性胃炎に
五月	アルバイトとしてI女史、入舎
六月	安倍、朝のNHKラジオ番組に1週間出演のため上京
六月	九州・葦書房の久本三多氏死去（享年48）。安倍、福岡の葬儀に参列
七月	5月から安倍家や事務所の補修工事を続けていたが、完了。物

「北秋田歴史用語解説」（松橋栄信編著）
「大王製紙問題と秋田の自然破壊」（網代太郎）

「米代川の野鳥」（明石良蔵）
「あしたが面白い」（成田隆平）
「秋田の中世・浅利氏」（鷲谷　豊）
「秋田藩の自然と文化」（渡部景一）
「ふるさと秋田夢おこし」（佐々木三知夫）
「ぴーばぁー院長の独りごと」（東海林茂樹）
「了翁さま」（湯沢市役所）
「菅江真澄」読本（田口昌樹）
「負けるな中学生！」（赤木信久）
「血管系の組織発生と組織のメカニズム」（トーマ著　増田弘毅他訳）
「大潟村の野鳥」（西出　隆）
「ブラジル学入門」（中隅哲郎）
「どじょうすくいと金山踊り」（茂木真弘）
「北の山旅釣り歩き」（根深　誠）
「羽州雄勝郡院内銀山記」（渡部和男）

置き同然だった事務所2階を「社長室」に改装。熱帯魚の水槽も入れる

七月　アルバイトのI、正舎員に

八月　茂木真弘著『どじょうすくいと金山踊り』という本を小舎、随想舎（栃木県）、今井書店（鳥取県）の三社共同で出版。初版3000部を各1000部ずつ分担販売する試み

九月　1万5000部印刷の大型自費出版本が誤植で刷り直しになる
この月から著者、版元、双方の校正責任を明確にするため、著者に「印刷同意書」押印を義務づける

九月　安倍、地方・小出版流通センター「創立20周年記念」のイベントをプロデュース。沖縄と青森のミュージシャンを共演させる企画のため沖縄へ

九月　当期決算、これまでの最高益に

一一月　法人税、支払えず銀行から借金

一一月　事務所隣の安倍宅で飼われていた犬の海太、死す

一一月　安倍、四国へ。高知、徳島などの版元訪問

※この年は45点刊行。過去最高を記録。

「へば、なんとす。」（暮らしの井戸端ゼミナール編）
「秋田の水」（肥田　登編）
「佐竹南家御日記　第一巻」

一九九五年（平成7年）

一月一〇日　「月刊広面んだんだ通信」100号目で終了。8年間休みなく

続き、予定通りの廃刊である

三月　ある若手研究者から雑誌刊行の企画持ち込みあり本格的に着手

五月　「阪神淡路大震災」と「オウム真理教事件」で書店売上激減

五月　友人の作家・山際淳司氏死去

五月　D、アルバイトとして入舎

六月　2回目の税務調査入る

六月　この月からN、舎外校正者として正式採用

九月　安倍、往復ともヨーロッパ経由（ミラノ・マドリッド）でブラジル・アマゾンへ取材旅行

九月　前年に引続き決算は横ばいの黒字になる

一一月　D、正舎員に

一二月　ブラジル・サンパウロへ不要になった本3000冊（ダンボール60箱）を送る（船便コンテナ送料60万円）

一二月　黒字にもかかわらず運転資金のため銀行から融資をうける

一九九六年（平成8年）

一月　配本を大手取次店に委託するため交渉。さまざまな問題があり難航を極める

六月　秋田—福岡間の航空直行便が就航。それを機に福岡市在住のブック・デザイナー毛利一枝さんに仕事を依頼（『ブラジル日本

（湯沢市教育委員会編）

- **「あきた音頭・春本篇」**（無明舎出版編）
- **「あきた音頭・艶本篇」**（無明舎出版編）
- **「あきた音頭・裏本篇」**（無明舎出版編）
- **「横山健童謡選集Ⅰ」**（横山　健）
- **「横山健童謡選集Ⅱ」**（横山　健）
- **「川反いまむかし」**（黒川一男）
- **「アメリカ自然史紀行」**（竹内健悟）
- **「トレパン校長万華鏡」**（小林孝哉）
- **「中国熟年ひとりある記」**（小坂孝彦）
- **「秋田の博物誌」**（本郷敏夫）
- **「空気ものがたり」**（西澤信夫）
- **「弱兵記」**（阿賀森　始）
- **「はずれ先生回想記」**（伊藤武三）
- **「環境論ノート」**（川村公一）
- **「夏田冬蔵」**（森谷康市）
- **「ブラジル観察学」**（中隅哲郎）
- **「日本酒に訊け！」**（秋元　浩）
- **「白鳥の湖」伝説」**（山川三太）
- **「最上三十三観音スケッチ帖」**（村山義和）
- **「賢治からの切符」**（伊藤孝博）

- **「朝日連峰の四季」**（佐竹伸一）
- **「異説英文法」**（白瀬　昭）
- **「ｍｕｒｉｄａｓ・ムリダス」**（無明舎出版編）
- **「月山花物語」**（鹿間広治）
- **「ユトリズムの里から」**（秋田県生活環境部県民生活課編）
- **「日本達人紀行」**（北川広二）

移民史年表』と『宮武外骨絵葉書コレクション』の2冊）

八月二〇日～三〇日　大手取次との交渉、暗礁にのりあげ、とりあえず秋田県内の配本を（株）秋田協同書籍に全面委託。そのため書店全在庫を一時引き上げ、再納品の準備に2週間を要する

一〇月　安倍、学生時代からの口ひげを落とす

一二月二四日　安倍、『なっちゃんの家』（女子パウロ会）を出版

「手記私の戦後五十年」（ABS秋田放送ラジオ局編）
「秋田キャンプ場ガイド」（木村義信・石澤一夫）
「東北の１００人」（毎日新聞地方部特報班編）
「東北むら半世紀」（毎日新聞地方部特報班編）
「鳥海山・ブナの森の物語」（斎藤政広）
「とびしま海中魚図鑑」（斎藤春雄）
「八幡平百景」（関　励）
「善さんのこれがキノコ料理だ」（今　善一・今　善教）
「自然まるごと山野草料理」（今　善一・今　善教）
「白鳥の里から」（西成辰雄）
「秋田藩の検地と黒印御定書考」（永田芳蔵）
「田澤いなぶね作品集」（細矢昌武編著）
「仙台すまい探偵帖」（那須武秀）
「小さな町の大きな自然」（佐藤　敬）
「山形ウォーキングガイド」（伊藤孝博）
「精神障害」（河北新報学芸部編）
「みちのく「艶笑・昔話」探訪記」（佐々木徳夫）
「ザマを見ろ！」（丹羽基二）
「物部長穂」（川村公一）
「偽マタギものがたり」（川井正三日）
「南北アメリカ徒歩縦横断日記」（池田　拓）
「秋田県曹洞宗寺伝大要」（大坂高昭）

一九九七年（平成9年）

三月　季刊雑誌「ラルート」（秋田県道路広報連絡会議・発行）の編集・制作を受注
四月　2週間かけて事務所を大改装
四月　舎外デザイナーとしてJ氏が装幀・宣伝部門を担当
五月　本格的にパソコンを導入。インターネットやメールはじめる
七月　安倍、佐野眞一氏の大宅壮一ノンフィクション賞受賞式に出席（東京）
七月　新聞広告でお世話になった元日新広告社長・崎村茂雄氏死去（享年72）
一〇月　親交のある長野市の銀河書房、倒産
一〇月　初の海外舎員旅行。仙台空港から3泊4日で香港へ
一〇月　恒例の鍋っこ遠足（河辺郡河辺町）に地方・小出版流通センター、アクセスからも4人のゲストが来る
一〇月　I、結婚。披露宴に舎員全員出席
一〇月　安倍、本の国体「ぶっくインとっとり」十周年記念会にゲストとして招待を受ける（米子市）
一一月　安倍、出版社の仲間たち（「棚の会」）とシカゴ・ニューヨーク出版視察の旅

「わが北の野の農村大学在学詩」（鈴木元彦）

「加藤哲夫のブックニュース最前線」（加藤哲夫）
「ブラジル日本移民史年表」（サンパウロ人文科学研究所編）
「秋田ウォーキングガイド」（無明舎出版編）
「地域への提言」（清水浩志郎）
「友よ」（ＫＯＵＪＩ）
「単身赴任ＴＯＫＹＯ日記」（林　孝）
「青森のクロダイ釣り」（阿部次郎編著）
「鳥海山花と生き物たちの森」（斎藤政広）
「ハングルへの道」（高梨直英）
「東北道の駅ガイドブック」（無明舎出版編）
「秘湯・玉川温泉」（無明舎出版編）
「宮武外骨絵葉書コレクション」（金丸弘美編）
「江戸の極楽とんぼ」（織田　久）
「午後の校庭」（松田淳一）
「平成あきたウオッチング」（あゆかわのぼる）
「あきた弁大娯解」（あゆかわのぼる）
「あおもり夜 い物語」（無明舎出版編）
「ふくしま艶笑譚」（加藤貞仁）
「みやぎ艶笑風流譚」（佐々木徳夫）
「秋田・消えた村の記録」（佐藤晃之輔）
「宮城野の博物誌」（高橋雄一）

一二月一六日　安倍、『ビーグル海峡だ！』（女子パウロ会）を出版

※この年は全体的に低調。刊行点数少なく売上は伸びたが、資金繰りは厳しかった。

「淡水魚あきた読本」（杉山秀樹）

一九九八年（平成10年）

一月　I、家庭に入るため退舎

一月　若手研究者から持ち込まれた雑誌企画の中止を決定

五月　ある著者の脱税容疑で東京国税局査察官二名が税務調査に来舎する

五月　安倍、津野海太郎氏、平野甲賀氏の二人の還暦を祝う会に出席（京都・梁山泊）

一〇月　舎員旅行はソウルへ3泊4日（仙台空港発）

一一月　後藤ふゆ編著『筐底拾遺』叢園賞受賞

一二月　安倍、友人の文藝春秋編集者・今村淳氏を偲ぶ会に出席（東京・出版クラブ）

一二月　安倍、「土の力」（陶芸家・武田浪／料理人・橋本憲一／民俗研究家・結城登美雄）の〈トークショー〉をプロデュース（仙台市）

一二月二〇日　「月刊んだんだ劇場」をリニューアル、DTPで編集印刷した創刊号を刊行

「ブラジル日系社会考」（中隅哲郎）
「あきた弁無茶修行」（ティム・アーンスト）
「角館ガイドブック」（無明舎出版編）
「東北「方言」ものがたり」（毎日新聞地方部特報班編）
「秋田こども農業白書」（阿部健一郎・佐藤百合香・山本多鶴子）
「あきた弁の謎」（熊谷　清）
「東北にんげんマップ」（NHK仙台放送局編）
「聞き書南氷洋出稼ぎ捕鯨」（佐藤金勇）
「筐底拾遺」（後藤ふゆ編著）
「「菅江真澄」読本2」（田口昌樹）
「杜氏一代」（北川広二）
「近世秋田の町人社会」（金森正也）
「小野小町再考」（佐藤卓司）
「朝日連峰・鳥獣戯談」（西澤信雄）
「東北の街道」（渡辺信夫監修）
「ニホンカモシカ・ミミの一生」（平田貞雄）
「負けるな中学生！Ⅱ」（赤木信久）
「私の女房の夫」（あゆかわのぼる）
「山形・ぼくの山物語」（高梨直英）

一九九九年（平成11年）

※舎内デジタル化ほぼ終了。事務所大改装（外壁と床）。迷惑メールや関係者とのトラブル、安倍の親族の不幸など心労多い一年。

一月	津軽書房の高橋彰一氏死去（享年70）
一月	ライターズ・ネットワークから「ライターズ・ネットワーク大賞」を受賞
四月	「秋田方言語源辞典」が発売直前に刊行中止に。販促パンフの組見本に大手出版社からの無断引用を指摘されたため。さっそく著者への損害賠償請求などを弁護士に相談
四月	人材派遣会社からの紹介でK女史の採用を決める
五月	印刷所を盛岡から青森県黒石市の印刷所「ぷりんてぃあ第二」へ替える
五月	事務所二階でシロアリ発見。事務所前面の外壁すべてを剥がしての大工事
六月	新しく取引をはじめたある大手印刷所の信用照会で興信所が来舎。
七月	安倍、酒田市のミニコミ誌「スプーン」編集部を訪問
八月二〇日	DTPで印刷していた「月刊んだんだ劇場」通巻9号目で終了。

「神室連峰」（神室山系の自然を守る会編）
「花街道の長い一日」（秋田内陸一〇〇キロマラソン実行委員会編）
「いぎりす毎月集」（山本堅牢）
「山に暮らす海に生きる」（結城登美雄）

「戊辰戦争とうほく紀行」（加藤貞仁）
「「道の駅」とうほくガイド」（無明舎出版編）
「ヘリコプター物語」（宮田豊昭）
「菅江真澄と「百千鳥」」（神山眞浦）
「とうほく廃線紀行」（無明舎出版編）
「窓をあければ陸奥湾」（市川忠子）
「宮城山遊び山語り〈栗駒・船形編〉」（深野稔生）
「宮城山遊び山語り〈蔵王・二口編〉」（深野稔生）
「電信柱とシグナル」（千葉裕之）
「男鹿ガイドブック」（無明舎出版編）
「宮城産土の山を行く」（深野稔生）
「やまがた昭和農民伝」（井上雄次）
「宮城キャンプ場ガイド」（無明舎出版編）
「奇々怪々あきた伝承」（福島彬人）
「クモが好き」（福島彬人）
「ノウサギの話」（平田貞雄）
「東北やきもの紀行」（宮城正俊）
「話すてけらしぇ仙台弁」（佐々木徳夫）
「年をとってなぜ悪い」（秋田の高齢社会をよくするフォーラム編）
「東北の交流史」（渡辺信夫編）

八月	この後、HPでデジタル版として継続発行のため
八月	安倍、鎌倉市「かまくら春秋社」創立30周年パーティーに出席
九月	ロンドン在住の丸茂和博氏、子供連れで舎のキャンプへ参加
一〇月	舎員旅行はグアムへ3泊4日（仙台空港発）
一〇月	安倍、第5回「本の学校」にパネラーとして参加（米子市）
一一月	安倍、「本とコンピュータ」津野海太郎氏、「葦書房」三原良浩氏と3人で松江に小旅行
一一月	友人の阿部勉氏（仙北郡角館町出身、元楯の会会員）死去（享年54）
一一月	安倍、ミラノ・ロンドン取材旅行
一一月	安倍、福井市農協の招きで「ミニコミ広報誌」の会に出席
一二月	「秋田方言語源辞典」の損害賠償訴訟を取り下げる。弁護士と相談して、これ以上争っても無益と判断したため
一二月	忘年会は車で遠出し湯沢市のそば屋「若竹」

二〇〇〇年（平成12年）

一月	舎内パソコンをLAN化、本格的に文字データのデジタル化を促進
一月	安倍、朝日新聞秋田県版に月1回「あきた随想」の連載開始
二月	この時期、官公庁関連仕事の締め切り重なり、徹夜続く
三月	千葉に住む安倍の弟にLANのメンテナンス作業を一任

「ぼくきょうからねんちょうさん」（金田昭三）
「秋田の文芸と風土」（佐々木久春・秋田風土文学会編）
「秋田県曹洞宗編年史」（大坂高昭）
「「菅江真澄」読本3」（田口昌樹）
「鶴の湯温泉ものがたり」（無明舎出版編）
「ミラノ通信」（ルーシー・マリ・スズキ）

「自殺」（朝日新聞秋田支局編）
「「菅江真澄」読本4」（田口昌樹）
「顔学入門」（廣木孝安）
「天翔ける船紀行」（深野稔生）
「帰農の里」（河原俊雄）
「岩出山の自然通信」（阿部敏一）
「文学館とうほく紀行」（森田　溥）
「夏の声を聴いた」（小野祐子）
「秋田駒ヶ岳花紀行」（山田隆雄）
「宮城の公共温泉」（無明舎出版編）

四月	安倍、NHKテレビ番組「視点・論点」に初出演
五月	秋田のカヌーレーシングチーム「ELK」のスポンサー企業になる。艇に会社のロゴを貼るだけだがNHK杯で優勝者と8位入賞者
五月	舎のホームページ、本格的に稼動
五月	秋田県教育委員会の「秋田のことば」の出版・販売権を入札で落札。民間と行政の書籍入札は全国でも珍しい
五月	K、カヌーに専念するため正舎員からアルバイトへ
六月	東京の「書籍情報社」と大阪の「創元社」の矢部兄弟が来舎
六月	K、東北体育大会でスラローム4位。国体出場ならず
七月	上下巻で3000頁の『ケセン語大辞典』、ようやく完成
八月	ロンドンの丸茂さん家族、地方小の川上社長などと舎の山形・飛島キャンプに参加
八月	正舎員としてL女史、入舎
九月	資料・書籍などの購入をリアル書店からネット書店に移行
九月	舎員旅行は上海3泊4日（仙台空港発）
一〇月三〇日	安倍、『田んぼの隣で本づくり』（日本エディタースクール出版部）を出版
一〇月	安倍、沖縄で開催の全国図書館大会へ参加
一一月	「年一回、神保町に集まろう地方出版」を東京で開催。プロデュースと司会進行を安倍が担当
一一月	田口昌樹氏、小舎の『菅江真澄読本』などの功績により秋田市文化賞受賞

「宮沢賢治「初期短篇綴」の世界」（榊　昌子）
「稲庭うどん物語」（無明舎出版編）
「ケセン語大辞典（上）（下）」（山浦玄嗣編著）
「こぶたのさんぽ」（金田昭三）
「日帰りガイド秋田の温泉」（無明舎出版編）
「関東お祭り紀行」（重森洋志）
「秋田「お天気」読本」（渡部　貢）
「山形の公共温泉」（無明舎出版編）
「庄内淡水魚探訪記」（岡部夏雄）
「秋田の山登り50」（奥村清明）
「おらほの学校通信」（鈴木泰三）
「秋田のことば」（秋田県教育委員会編）
「とうほく名水紀行」（長南里香・無明舎出版編）
「意志ばかり生む夜」（小西　啓）
「秋田の公共温泉」（無明舎出版編）

一一月	毎日新聞、旧石器発掘捏造スクープ。発掘者の藤村氏は小舎の刊行物にも2、3度登場 ※『ケセン語大辞典』『秋田のことば』の両方言辞典が大ブレーク。『秋田のことば』は一万部をこえるベストセラーに。	「追跡『東京パック』」（高島　真） 「昭和東北大凶作」（山下文男） 「庄内の祭りと年中行事」（無明舎出版編）

二〇〇一年（平成13年）

一月	安倍、正月休みに岡山市の「吉備人出版」、愛媛の「アトラス出版」を訪問	「ブナの森に大規模林道はいらない」（原敬一）
二月	HPの一日のアクセス数は100件。一日の本の注文は3、4件というところ	「風にのせて伝えよう」（長谷部みどり） 「教育と環境」（今村城太郎）
三月	安倍、農民運動家の高橋良蔵氏と横手のむのたけじ氏を表敬訪問	「秋田藩御境拠人日記」（伊藤　信編著） 「田澤稲舟研究資料」（細矢昌武編著）
三月	共同通信や毎日新聞などの若い女性記者と、小舎舎員が親睦の合コン	「嘉永五年東北」（織田　久） 「伊能測量隊、東日本をゆく」（渡部健三）
四月	舎の30周年記念出版「北前船」の取材のために、A、取材に旅立つ。1年がかりで全国を股にかけた取材旅行	「あきた風流「艶」ばなし　嫁いびり篇」（無明舎出版編） 「あきた風流「艶」ばなし　千夜一夜篇」（無明舎出版編）
五月	事務所敷地内にある第一倉庫を二階建てに新築	「教師になるということ」（戸田金一）
五月	舎の女性たちの要望で昼食を二階で自炊できる体制に	「村の生活誌」（佐藤　正） 「五能線みちくさ紀行」（青木健作）
六月	安倍、仙台空港からソウルへ。「国際ブックフェア」視察	「東北おもしろ博物館」（加藤貞仁）
六月	「秋田のことば」CD－ROM版を入札で落札	「あきた風流「艶」ばなし　夜ばい篇」（無明舎出版編）
七月	秋田県教育委員会の「秋田の有形文化財」を落札	「秋田のハイキング50」（奥村清明）

七月　K、念願のカヌー競技国体出場決定

八月　東北300書店を会場にした「無明舎・夏のブックフェア」開催

八月　20年ぶりに事務所の網戸をすべて張り替える

九月一一日　ニューヨークでテロ勃発。紀伊国屋書店の市橋店長から悲痛なメール

一〇月　HPのアクセス数、ようやく5万件突破

一一月　石風社の「創立二十周年パーティー」へ（福岡市）。中村哲氏の本で大ブレーク中の慶事

一一月　舎員旅行は沖縄。舎外のライター青木健作氏、藤原優太郎氏も同行

一一月　コンピュータにウィルス大発生。対策に頭を悩ます

二〇〇二年（平成14年）

二月　「佐竹氏入部400年」にあやかり「秋田藩と佐竹氏のブックフェア」を県内書店で開催

四月　事務所のコピー機から突然、黒煙があがる。電気工事者が電圧

「村の綴り方」（畠山義郎）
「日帰りガイド　青森の温泉」（無明舎出版編）
「青森の公共温泉」（無明舎出版編）
「秋田なんでも知り隊」（読売新聞秋田支局編）
「秋田のキャンプ場60」（無明舎出版編）
「ハッピー遠藤のガリ版学級通信」（遠藤　康）
「自殺の周辺」（朝日新聞秋田支局編）
「東北の山小屋」（福島キャノン山の会編）
「秋田・消えた分校の記録」（佐藤晃之輔）
「文人たちの十和田湖」（成田　健）
「湧水とくらし」（肥田　登・吉崎光哉）
「雑草レシピ元気読本」（小崎順子）
「東北のキノコ」（日本菌学会東北支部編）
「新辰子姫伝説」（小川仙平）
「宮澤賢治を生きる」（小野羊子）
「北の将星アテルイ」（伊藤　満）
「フライフィッシングあきた川紀行」（高橋秀明）
「秋田の有形文化財」（秋田県教育委員会編）

「写真紀行世界の高峰を歩く」（菅原富喜）
「いろはにほへどちりぬるを」（坂本梅子）
「7/2（にぶんのなな）で生きる」（堀江沙オリ）
「「徳育」のすすめ」（宮腰　明）

	を間違えて設置したため
四月	D、舎の規定により定年退職（55歳で退職金支給。60歳まで嘱託）
五月	A、休暇をとり一人アイルランド旅行
五月	安倍、国際ブックフェア視察のためニューヨークへ。帰りにブラジル・サンパウロ取材
六月	日経新聞に広告出稿を開始
七月	安倍、NHKFMラジオ「日曜喫茶室」に出演
八月	三重県の「モクモクファーム」をAと安倍が視察。農業がビジネスとしてどれほど可能性を持っているかを現地調査
九月	舎員旅行は台湾3泊4日（安倍、Dは不参加）
九月	刊行直前の「ババヘラアイスの秘密」が商標登録の問題が発生し出版を見合わせる
九月	国民金融公庫、秋田銀行の融資支払終了。無借金経営に
一〇月一五日	無明舎創立30周年の記念出版である『北前船』刊行
一一月	東京事務所開設準備のため銀行融資を受けることに
一一月	ホームページへのアクセス数、10万件突破
一二月	十二月末日現在、舎員は四名（安倍甲・A・B・L）に嘱託・D、常勤アルバイト・Kの計六名。

※この年は、三十周年にふさわしい「激動の一年」。年商は前年同様大台をキープしたものの、税金の支払いに四苦八苦。ようやく念願の無借金経営に移行したのも束の間、二ヵ月後

「『菅江真澄』読本5」（田口昌樹）
「やまがた昭和健民伝」（井上雄次）
「五能線ガイドブック」（無明舎出版編）
「そばの実の空」（小田原裕紀）
「父から娘へのシェイクスピア」（多田義美）
「アマゾンのほほん熱風録」（堤　剛太）
「神保町「書肆アクセス」半畳日記」（畠中理恵子・黒沢説子）
「北前船おっかけ旅日記」（鐙　啓記）
「福島の公共温泉」（無明舎出版編）
「南とうほく花の湿原」（日野　東・葛西英明）
「岩手の公共温泉」（無明舎出版編）
「飛島ゆらゆら一人旅」（古関良行）
「「幻の日本酒」酔いどれノート」（篠田次郎）
「東北さかな紀行」（野村祐三）
「北前船」（文・加藤貞仁　写真・鐙　啓記）
「奥州街道」（無明舎出版編）
「北羽南朝の残照」（大坂高昭）

には東京事務所開設のため、またまた融資を受けるはめに。

二〇〇三年（平成15年）

一月　安倍、正月休みはひとりでタイ旅行

舎の30年の歴史を編んだ『舎史ものがたり』刊行

東京・神楽坂に東京事務所を設立

品質マネジメントシステム・ＩＳＯ９００１を認証取得する

二月　Ｋ、舎内報に『小雪の「ＩＳＯ取得うるうる日記」』連載

三月　健康診断が年2回態勢になる

五月　鶴岡市主催「国際ノルディック・ウォーク」に藤原優太郎氏と参加

六月　東京・多摩にある笠取山に友人と登頂

一二月三〇日　東京・神保町「やぶ仙」で「棚の会」忘年会に参加

※ネット版舎内報『月間んだんだ劇場』の連載執筆者が10人以上に。連載終了後は即単行本になるシステムを確立する。

※3年連続で売上げは好調をキープ。しかし後半は目にみえて失速。

※東京事務所ができ、上京の機会が増え人脈も拡がる。

※ＩＳＯ９００１を認証取得するが、人手やコンサルタント料など思った以上の出費。

『舎史ものがたり』（あんばいこう）

『田舎暮らし ご馳走帖』（杉山あおい＆杉山彰）

『「時代遅れ」入門日記』（杉山 彰＆杉山あおい）

『海の総合商社 北前船』（加藤貞仁）

『秋田の桜』（永井登志樹＋小阪満夫）

『自閉症の教育が楽しくなる本』（柴田静寛編）

『人ありき東北歴史紀行』（千田 明）

『40年前の秋田市』（越前谷国治）

『北とうほく花の湿原』（日野東＋葛西英明）

『新・道の駅とうほくガイド』（無明舎出版）

『秋田市・街角いまむかし』（越前谷国治＋越前谷潔）

『仙台とっておき散歩道』（西大立目祥子）

『教え子たちの風景』（井上雄次）

『東北の湯治場 湯めぐりの旅』（永井登志樹）

『横手時代の石橋湛山』（川越良明）

『鹿角の歴史案内』（柳沢弘志）

『毎日が太極拳』（山内孝道）

『フラワートレッキング 秋田駒ヶ岳』（日野 東＋葛西英明）

『ひとり出版社「岩田書院」の舞台裏』（岩田博）

二〇〇四年（平成16年）

三月　帯状疱疹で体調不調に。ストレスと過労が原因で、以後二ヶ月間、不調が続く

四月　父が糖尿病で入院。同じ日に息子は大学入学

五月　8年間続けてきた秋田経済法科大学の非常勤講師が終了
東京事務所、1年が経過。不要なものを秋田に送り返すミニ引

『郷土食とうほく読本』（読売新聞地方部編）
『CD‐ROM版秋田のことば』（秋田県教育委員会編）
『とうほく妖怪図鑑』（山口敏太郎）
『新考・宮本武蔵』（遊佐京平）
『鉄路の記憶　東北1969〜1976』（大穂耕一郎）
『写真帖　路上の記憶』（無明舎出版編）
『癒しの川』（「癒しの川」製作委員会編）
『写真集　岩手開発鉄道』（中嶋敬治）
『玉川温泉ガン闘病日記』（ふじみとむ。）
『松林が危ない！』（河北新報社編集局編）
『写真帖　仙台の記憶』（仙台都市生活誌研究会編）
『「刈穂」という酒蔵を訪ねて』（青木健作）
『大河次郎兼任の時代』（小野一二）

『歌枕とうほく紀行』（田口昌樹＋無明舎出版編）
『宮沢賢治「春と修羅　第二集」の風景』（榊昌子）
『箱館戦争』（加藤貞仁）
『入門・東大宇宙線研究所』（安倍　知）
『フラワートレッキング蔵王連峰』（日野　東＋葛西英明）
『東北の峠歩き』（藤原優太郎）
『乳頭温泉郷』（林みかん）

越し作業

六月　東京事務所に沖縄の「ボーダーインク」が社員旅行で来所
南外村（現大仙市）「出羽鶴」伊藤社長宅で、料理研究家・岸和子先生の「佐竹家の殿様の食事」を再現するイベントに参加
K、妊娠、出産のため退舎

七月　「秋田の文化入門」をテーマにしたブックレット・シリーズ刊行始まる
舞踊集団・白桃房の芦川羊子さん来舎。市内聾学校でワークショップ

九月　B、55歳で定年退職

一〇月　朝日新聞秋田県版に「食文化あきた考」の連載はじまる（週一回）
舎員旅行は海外ではなく東京。東京事務所を訪問

※出版点数は24点。これまでの最低数を記録。
※出版トラブル多発。ある大型企画が刊行寸前で盗用問題が浮上し中止に。
※企画・自費出版とも低調。年商は前年の4割まで落ち込む
※前年に取得したＩＳＯ９００１の運営会社（東京）が問題を起こし、「認証一時停止」に。
※原稿の連載用ツールとして98年から毎月刊行していた「月刊んだんだ劇場」が紙からネット版に。

『校訂・解題　久保田領郡邑記』（柴田次雄編）
『「森林浴の森」とうほくガイド』（日野東）
『ナンダロウアヤシゲな日々』（南陀楼綾繁）
『仙台発』（佐藤陽二）
『今日もぽっかり白い雲』（木村久夫）
『学校に戦争がやってきた』（佐藤光康）
『東北漬け物紀行』（林みかん）
『山形の公共温泉』（二刷）（無明舎出版編）
『日帰りガイド　山形の温泉』（無明舎出版編）
『新雄勝風土記』（菅脩・山岡啓哲ほか）
『男鹿のなまはげ』（金子義償／土井敏秀）
『モデル農村・大潟村の40年』（金井三喜雄）
『男鹿水族館ＧＡＯの本』（池田まき子／小阪満夫）
『戊辰戦争と秋田』（加藤貞仁）
『シベリア出兵従軍記』（高島米吉・真）
『がんばれ！秋田内陸線』（大穂耕一郎）
『菅江真澄と秋田』（伊藤孝博）

二〇〇五年（平成17年）

二月一日　父・敬が死去（享年88）

四月　著者である仙台の結城登美雄氏が芸術選奨を受賞

四月　取引のあった盛岡市の熊谷印刷社長・熊谷孝氏が死去

本を書いてもらう予定だった友人の明治大学教授・山崎光博氏が死去（享年58）

六月　神楽坂の東京事務所を売却することに。中野に移転

六月　沖縄・ボーダーインクの創業15周年シンポジウムに出席

七月　事務所二階を大幅に改装し、シャチョー室兼保管庫として活用

「ババヘラアイス」の取材のため高知県に出張取材

八月　東京の若手編集者たちの集まりに参加。刺激を受ける

九月　岩手・一関のジャズ喫茶「ベイシー」を訪問

松本市へ。入院中の一草舎出版社長・高橋将人氏のお見舞い

一〇月　アマゾン移民関係者を取材するため、名古屋市に出張

※歯の調子悪く、週一で歯医者通い。

※東京・神楽坂事務所は結局2年弱しかもたず、中野に拠点を移す。

※前半は絶不調だったが後半どうにか持ち返し、最終的には42点の新刊。

※経営の無駄を見直し、ＩＳＯ９００１も取得見直しへ。

『米代川読本』（無明舎出版編）
『行雲流水』（猪俣弘雄）
『北前船と秋田』（加藤貞仁）
『門屋養安ものがたり』（渡部和男）
『東北自然歩道を歩く』（田嶋直樹）
『雲井龍雄 庄内藩探索紀行』（高島真）
『川柳まがり瓜』（斎藤真一）
『風の地図 富樫風花句集』（富樫風花）
『続・めぐり逢い』（戸田タチ子）
『写真集・光と影』（宮野明義）
『秋田日記』（熊谷新右衛門）
『秋田武鑑』（則道三浦賢童・編）
『奥羽永慶軍記』（今村義孝）
『あきた再発見！』（秋田大学定期講演会編）
『白神山地ものがたり』（奥村清明）
『東北ローカル線の旅』（大穂耕一郎）
『秋田発！！学校ボランティアによる学びの広がり』（姫野完治編）
『ファンタシア―１９４５』（安藤美登留）
『小雪の「ＩＳＯ取得」うるうる日記』（島田真紀子）
『義経北行伝説の旅』（伊藤孝博）
『熱血こうごろう荒町風雲録』（出雲幸五郎）
『カモシカの民俗誌』（鳥海隼夫）
『秘境・和賀山塊』（佐藤隆・藤原優太郎）
『オオクチバス駆除最前線』（杉山秀樹）
『あきた仏事１１０番』（大坂高昭）

※舎員の飲み会はゼロに。舎員旅行も取りやめ。
※義母の物忘れ激しくなり同居へ。
※年末から朝日新聞読書欄に5段2割広告を定期出稿することになる。

二〇〇六年（平成18年）

一月　豪雪のため事務所、家ともはじめての雪下ろし。秋田新幹線「こまち」も終日運休

二月　東京事務所（中野）も廃止に。これで東京拠点は消滅

『「道の駅」とうほくガイド』（重版）（無明舎出版編）
『介護日記』（山本光雄）
『詩集冬の夜の旅』（土田正夫）
『花火師の仕事』（池田まき子）
『安成貞雄を祖先とす』（伊多波英夫）
『日帰りガイド　秋田の温泉』（増刷）（無明舎出版編）
『日帰りガイド　秋田の温泉』（増刷）（無明舎出版編）
『やまがた昭和雄民伝』（井上雄次）
『「秋田風俗絵巻」を読む』（金森正也）
『続・行雲流水』（猪股弘雄）
『小野小町ものがたり』（小野一二）
『市民のための肝臓ケア教室』（市立秋田総合病院編）
『詩で読む秋田の戦後六十年』（畠山義郎編）
『秋田・消えた開拓村の記録』（佐藤晃之輔）
『土竜のたわごと』（酢屋潔）
『秋田むがしこ』（今村泰子・今村義孝）
『少年』（歩青至）

『舞踊家　石井漠の生涯』（緑川潤）
『鷹匠ものがたり』（土田章彦・野沢博美）
『野球事始仙台物語』（高野眞五人）
『江戸「東北旅日記」案内』（伊藤孝博）
『復刻　東講商人鑑』（大城屋良助編）
『安東氏—下国家四〇〇年ものがたり』（森山嘉蔵）

三月　「廃道」の自転車探検で有名なH君がアルバイトで入舎

四月　自宅勤務のMから「復刻本」の企画が入り検討にはいる
ISO9001から完全撤退する

五月　事務所外壁、屋根、水周りの大規模な補修・改修工事はじまる

九月　青森市へ。三内丸山を見学し、「奈良美智AtoZ」展（土井酒造煉瓦倉庫）

一二月　東京の「佐竹家資料館」で撮影。そこから常陸太田市に移動し、佐竹関連の取材

※秋田市は88年ぶりの大雪。いたるところで雪による大混乱。
※週末は県外へ小旅行をするのが安倍のマイブームに。
※舎員や関係者ら次々と病に伏す。体調を崩したM君はこれ以降、自宅勤務に。
※本が急速に売れなくなった印象。資金繰りは保険の解約などで乗り切る。

『とうほく藩主の墓標』（加藤貞仁）
『どぶろく王国』（無明舎出版編）
『写真集　秋田内陸縦貫鉄道』（工藤寿）
『はるかなる夏』（後藤和雄）
『東北民衆の歴史』（伊藤重道）
『フラワートレッキング吾妻連峰』（日野東＋葛西英明）
『焼石岳に魅せられて』（長岩嘉悦）
『秋田領民漂流物語』（神宮滋）
『増補　わらべうた文献総覧解題』（本城屋勝）
『菅江真澄図絵集　秋田の風景』（田口昌樹）
『標準語の村』（北条常久）
『母のくけ台』（川越良明）
『秋田音頭ものがたり』（無明舎出版編）
『集団疎開』（由利本荘市教育委員会編）
『解体新書と小田野直武』（鷲尾　厚）
『秋田藩の武士社会』（半田和彦）
『出稼ぎアメリカ明治日記』（本間儀兵衛）
『「森林文化都市」をめざして』（鶴岡総合研究所編）
『幕末とうほく余話』（加藤　貞仁）
『木洩れ月』（宮越郷平）
『仙台領の街道』（高倉　淳）
『美の国秋田に日が昇る』（佐藤二郎）
『写真集　花輪線』（與語靖啓）

二〇〇七年（平成19年）

二月　藤原優太郎氏が主催する「山の學校」に参加。山歩きをはじめる

三月　山形県天童市の「小山家城跡」を訪ねる。ここが安倍家のルーツ

妻の安倍眞寿美、ＡＢＳ秋田放送を定年退職

四月　仙台・河北新報で「元気東北 一隅を照らす仕事」の短期集中連載（全26回）

「季刊・んだんだ通信」を発刊。愛読者のための通信で1万人以上の全国の読者に発送

大館・北鹿新報で「メタボ・オヤジどすこい奮戦記」の新聞連載

Ｄが退職（以後も嘱託として勤務）

倉庫壁面の改修工事と事務所の屋根のペンキ塗り作業

朝日新聞「食文化あきた考」が１２０回で最終回

五月　男鹿三山に登る。これが本格的山歩きの第一歩

五月　鶴岡市の「国際ノルディック・ウォーク」に藤原優太郎氏と参加

『岩田幸助写真集 秋田』の巻末解説を編者・英伸三氏の依頼で執筆

六月　舎の自動車がボルボからシビックに

『空を飛んだきつねとたぬき』（「なまはげ」同人編）
『写真集　釜石橋上市場』（佐々木貴範）
『風のしらべ』（さいとう 学）
『復刻　訳万葉』（村木清一郎）
『日帰りガイド　岩手の温泉』（無明舎出版編）
『森吉山の花図鑑』（田中 誠）
『錦木』（佐藤 貞夫）
『岩手の滝』（生田理和）
『最後の狩人たち』（増刷）（朝日新聞秋田支局編）
『「梅津政景日記」読本』（三刷）（渡部景一）
『へその湯繁盛記』（きっかわまちこ）
『ロスタイムの生』（歩 青至）
『東北の巨樹・巨木』（日野東＋葛西英明）
『南部曲がり家読本』（瀬川 修）
『岩田幸助写真集　秋田』（英 伸三編）
『食文化あきた考』（あんばい こう）
『遠くて近い国』（眞砂 睦）
『東北ふしぎ探訪』（伊藤孝博）
『遠野まちづくり実践塾』（菊池 新一）
『白畑孝太郎』（永幡嘉之）
『笑種　似顔絵草紙』（荻津白銀斎）
『アンプラの里』（酢屋 潔）

七月	東京の弓立社・宮下和夫社長が来舎。白神山地を案内する 小舎刊『江戸の極楽とんぼを』を脚色した俳優座『白鳥乱子一座』が東北各地で公演
八月	年二回実施の棚卸し。アルバイト（主婦）10人で一週間を要していたが、今年から5人で2日間で終了
九月	秋田わか杉国体に招待された秋田出身のブラジル移民の訪問団が来県、友人たちが来舎
一〇月	鳥取県米子市の「ブックイン・とっとり」で特別賞受賞
一一月	写真家・斎藤政広氏と山形・六十里街道を歩く
一二月	山口県・マツノ書店の松村久氏が菊池賞を受賞（東京ホテル・オークラ）

※97年から季刊で刊行していた秋田の道路情報誌「ラルート」が、この年36号で終刊に。
※「ババヘラアイス」の本、さまざまな理由でまたまた出版延期。
※この年、銀行、印刷所などの借入金がほぼゼロへ。
※地方小出版流通センターの小売書店「アクセス」が閉店（東京・神保町）。
※スポーツクラブでエアロビ三昧（年間70回）。同時にリンゴ・カンテンダイエットも開始。
※「通販生活」に『秋田「物部文書」伝承』の書評。これが話題となり注文が500部をこえる。

二〇〇八年（平成20年）

※月刊誌「現代」に歩青至『少年』の書評（池内紀）。その後、教科書にも採用。
※宮腰郷平『木漏れ日』が秋田県芸術選奨を受賞。

一月　中断していたDM「執筆者アンケート」を再開
中学時代の同級生（53人）のうち、すでに9人が死去、自殺者が3名もいることが判明し、ショック
東京の自費出版系の新風舎、草思社などの民事再生申請があいつぐ

二月　30年間、印刷を依頼していた山形市・藤庄印刷の残債がゼロに

四月　脳性麻痺の中学教師・三戸学君の希望で酒田旅行のアテンド
福島県矢祭町へ。民間の呼びかけで本を集めて作った図書館を見学

五月　六郷町（現美郷町）の安倍の叔父・安倍莞爾氏が死去（享年82）
ブックデザインを担当しているNさんが腰痛で入院。作業日程が狂い、現場が大混乱に

六月　著者であり友人でもあった河本祐一氏が死去（享年62）

九月　十文字町の居酒屋の「そば打ち会」に参加

一一月　母・ゆきが湯沢市の高齢者施設に入所

『黒龍おばさんの史上最暑の作戦』（きっかわまちこ）
『秋田「祭り」考』（飯塚喜市）
『年貢』（改題　重版）（渡部景一）
『徳育のすすめ』（増刷）（宮越明）
『東北ふしぎ探訪』（増刷）（伊藤孝博）
『六十里越街道』（伊藤孝博）
『超積乱雲』（醍醐麻沙夫）
『文法の復権』（工藤進）
『ゴンボホリの系譜』（根深誠）
『戊辰戦争出羽戦記』（神宮滋）
『遠くて近い国』（増刷）（眞砂睦）
『日本酒ことば入門』（篠田次郎）
『北海道「海」の人国記』（伊藤孝博）
『あおもり歴史モノ語り』（関根達人）
『秋田おそがけ新聞』（鈴木めた朗）
『楯突く群像』（高島真）
『村に生きる』（杉山彰＆あおい）
『定年！徘徊親父日記』（すがかつゆき）
『高岡専太郎』（押切宗平）
『「本の雑誌」炎の営業日誌』（杉江由次）
『東北登山口情報500』（全国登山口調査会）
『ふたつの川』（塩野米松）

一二月

10年ぶりに大掃除。家と事務所から出た大量のゴミを捨てる

※年明けに朝日、読売、毎日の三大紙に『東北ふしぎ探訪』『白畑孝太郎』『笑種 似顔絵草紙』の書評がほぼ同時期に載る。

※第2倉庫（太平地区）を廃止。

※去年に引き続き出版点数は25点。出版依頼が少ないのはリーマンショックの影響かも。

※山は35座。鳥海山の山小屋泊まりや一人山歩きも。

※「ババヘラ」の単行本化は商標登録の壁があり、またしても挫折。

『上遠野秀宜栗駒山紀行』（深野稔生）
『日めくり秋田歳時記』（大坂高昭）

二〇〇九年（平成21年）

一月

施設入所中の母を誘い、母の生まれ故郷の横手市へ一泊小旅行

舎の車がシビックから中古のアコードへ

二月

宇都宮に随想舎を訪ねる

事務所の内装をハウスクリーニング業者に依頼

三月

俳優の山谷初男氏から、「中島のてっちゃ」舞台化の話が持ち込まれる

サンパウロから友人の松村喬志氏が来舎

近所の三吉神社で還暦を祝う会

三月二八日〜

屋久島、鹿児島へ旅行。山尾三省氏の墓参りもする

『ふたつの川』（増刷）（塩野米松）
『文法の復権』（増刷）（工藤 進）
『秋田県遊里史』（佐藤清一郎）
『忘れがたい山』（池田昭二）
『新面寺万困り事相談所』（きっかわ まちこ）
『秋田市歴史地図』（渡部景一）
『ブナの森通信』（西澤信雄）
『図説　久保田城下町の歴史』（渡部景一）
『古田久子と行く』（井上雄次）
『院内銀山史』（渡部和男）
『菻澤歳時記』（佐藤金重・平治）
『平田篤胤』（伊藤永之介）
『平泉藤原氏』（工藤雅樹）

四月二日	北鹿新聞の連載（「メタボ・オヤジどすこい奮戦記」）が100回で終了
五月	自宅の妻の寝室の天井が突然落下。怪我はなかったが急ぎ修繕作業
七月	10年前に亡くなった津軽書房・高橋彰一氏の墓参りに弘前へ
八月	「山の學校」主催の「久保田城下の羽州街道を歩く」会に参加
九月	長野市、八戸市、函館市、札幌市と国内小旅行
一一月	藤庄印刷の副社長・水戸部廣一氏が死去（享年76）

※「大人の休日切符」を使い、週末には東北各地を小旅行。
※民主党が政権の座に。秋田県は14年連続で自殺率全国ワースト。全国学力テストでは3年連続トップ。
※国民金融公庫から一時的に借入れ。無借金経営はわずか1年で終了。
※食生活に問題があるのか、痛風に悩まされる。
※この年からスキーを始める。
※年初めに安倍に「年金支給」の連絡がはいる。
※リーマンショックによる日系ブラジル人の解雇が続き、多くの友人がブラジルに帰国。
※ブラジル・ベレンから「日本人移民80周年記念式典」の招待状が届く。

『「モー」が呼んでる』（倉持武）
『写真集　米坂線』（後藤千春）
『続「梅津政景日記」日記読本』（重版）（渡部景一）
『秋田の山伏修験と密教寺院』（佐藤久治）
『さまよえる演劇人』（長谷川孝治）
『森の時間 海の時間』（山尾三省・春美）
『検証秋田「連続」児童殺人事件』（北羽新報社編集局報道部）
『パソコンで作曲しよう！』（草薙雅哉）

二〇一〇年（平成22年）

一月二〇日〜二月　五日　ブラジル・アマゾンに取材旅行（ニューヨークの国際ブックフェアー経由で、アマゾンの日本人移民80周年記念式典に参列。ブラジル旅行は9回目。円は一ドル83円）

二月　長野・松本市の一草舎出版が倒産、閉業へ

三月　NHK仙台のラジオ番組に出演（パーソナリティ・伊奈かっぺい氏）

「ミラクルガール」、薬品メーカーから二千部買い取りの注文

朝日新聞「ひと」欄に安倍が登場する

長野市・飯綱山（1917m）に登る

四月　自宅の書斎、寝室のリフォームを行う（床を畳からフローリングへ）

五月　事務所2階の冷蔵庫から発煙。これを機にクーラー、コピー機など総点検

六月　新潟の雨飾山（1963m）に登る。長野・小谷から新潟・糸魚川に降りるコース

八月　サンパウロの映像ジャーナリスト、岡村淳氏が来舎

ネットの月刊舎内報「んだんだ劇場」（創刊98年12月）、143号で終刊

一〇月　二日〜一〇日　ドイツ・フライブルクの環境都市へ研修旅行

『ミラクルガール』（大塚弓子）
『若様春秋』（きっかわ まちこ）
『秋田について考えた事』（石川 好）
『秋田―ふるさとの文学』（秋田県高校教育研究会）
『伊能忠敬の秋田路』（佐藤晃之輔）
『伊藤永之介童話作品集』（伊藤永之介）
『はじめての秋田弁』（こばやしたけし）
『私のかぐや姫』（小野祐子）
『写真帖　40年前の仙台』（仙台都市生活誌研究会編）
『秋田県満州開拓外史』（後藤和雄）
『鳥海山花図鑑』（斎藤政広）
『イザベラ・バード紀行』（伊藤孝博）
『天領・出羽国長瀞村質地騒動顛末記』（高島 米吉・高島 真）
『僕は結婚できますか？』（三戸 学）
『イザベラ・バードよりみち道中記』（伊藤孝博）
『教師をやめて、ちんどん屋になった！』（カチューシャ安田）
『ああ、樺太』（小坂孝彦）
『鈴木文治のいる風景』（芳賀清明）

一二月　八日
青森・八甲田山にひとり登山

Aが退舎する
小舎の法律相談にのっていただいていた津谷祐弁護士が暴漢に刺殺される

※出版点数は18点。20点を切るのは初めて。
※「ミラクルガール」「はじめての秋田弁」「秋田―ふるさとの文学」など、よく売れる。
※退職者のための一時金支払いなど、資金繰りに四苦八苦。
※「山の學校」のメンバーである坂本広一氏と懇意になり、山行に料理に旅行と、一緒の行動が増える。

二〇一一年（平成23年）

一月
元旦登山は築紫森。翌日は太平山前岳へ（大阪の友人2名も参加）
サンパウロの友人・カルロス阿部君が来舎

二月
埼玉県浦和市で『ありがとう浦和レッズ』の出版パーティー
山形の藤庄印刷が倒産。債務はなかったので被害はなし

三月
事務所の天井周りの改修工事
事務所保管庫（二階）の大掃除。仕事場を臨時に一階に移動

三月一一日
東日本大震災。秋田も震度5を記録するが、太平洋側に比べれ

『ありがとう浦和レッズ』（佐藤亜希子）
『東北の文学　源流への旅』（成田 健）
『愛み割れる』（颯原なずな）
『秋田―ふるさとの文学（改訂）』（秋田県高校教育国語部会編）
『秋田内陸線、ただいま奮闘中！』（大穂耕一郎）
『秋田県民は本当に〈ええふりこぎ〉か？』（日高水穂）
『みちのくテクテク一人旅』（鈴木昭悟）
『ババヘラ伝説』（杉山 彰）
『FOR YOU』（佐藤元・はせべさき）
『俳人・石井露月』（工藤一紘）

	ば被害は少ない
三月一四日	福島第一原発事故。背筋が凍る恐怖を感じる
三月一六日	秋田ではこの日からほぼいつもの「日常生活」に戻る
四月	この月も震度5の余震続く。本震よりも大きな揺れに恐怖がつのる 震災のため話題にならないが秋田県南部は大雪。五月になってもまだ雪が残っている
五月	事務所二階に大型テレビを設置する 装幀、デザインを担当していたN氏が自死
六月	弘前で「家には高い木があった」（弘前劇場公演）を観劇
六月一七日	妻の実家の敷地内に舎用のプレハブ倉庫設置。同時に事務所二階の西陽対策工事も行う
七月	出版相談が増え一ヶ月で15本以上の原稿を読む事態に 秋田初のプロ野球「西武VS楽天」戦を観戦（こまち球場）
八月	森吉山登山で山頂に車の鍵を落とす。翌日、友人に頼んで鍵を拾ってきてもらう 夏休みは長野・白馬のトレッキング三泊四日
九月　八日～一二日	十和田ホテルに宿泊し十和利山に登る
	出版が延期になっていた『ババヘラの研究』がついに刊行に
一〇月　九日	県内の南米からの研修生5名が来舎し二階でホームパーティ
一一月二一日	仙台・河北新報からの依頼により『3・11を越えて』を出版 舎の車をハイブリッド車ホンダ・フィット・グランデに

『イザベラ・バードの山形路』（渋谷光夫）
『トトトツート』（宮越郷平）
『花のアルバム』（柿崎善明）
『黒龍おばさんの厄払い作戦』（きっかわまちこ）
『「大陸の花嫁」からの手紙』（後藤和雄）
『詩集　稲穂と戦場』（小関俊夫）
『遊女・豊田屋歌川』（久保悌二郎）
『ババヘラの研究』（あんばいこう）
『浅野梅若』（倉田耕一）
『鳥海山縁起の世界』（神宮滋）
『3・11を越えて』（河北新報社論説委員会編）
『「東北」を読む』（河西英通）
『北鹿地方史論考集』（庄司博信）
『アマゾンの空飛ぶ日本語教師』（中瀬洋子）

※出版点数は25点。
※東日本大震災の影響（被害）なのか、将来への不安にが募る。
※事務所二階での「シャチョー室宴会」が頻繁になる。
※震災後、地震関連の出版依頼が相次ぐが、河北新報社のもの以外は出版しないことに決める。
※定期購読の雑誌、新聞、花代や駐車場代など大幅に見直し。

二〇一二年（平成24年）

一月　元旦登山は築紫森。例年より雪が深く1時間40分かけて登頂
二月　学生時代からの友人のK女史、千秋公園で自死
四月　風速40mのこれまで経験したことのない暴走低気圧を体験
四月　八日　夜中に事務所前の電線から火花が。生まれて初めて119番する
五月　秋田大学入試課から入試問題に『秋田県民は本当に〈ええふりこぎ〉か？』（日高水穂著）を使用した、との連絡がはいる
五月　七日　大仙市出身の時代小説家・花家圭太郎氏が肺がんで死去（享年66）。
六月　学生アルバイトによる「フェイスブック」と「ツイッター」の勉強会。レクチャーの甲斐なく、食指うごかず
六月二五日　「山の學校」のメンバーと谷川岳（1977m）に初登頂。ケ

『「こうごろう新聞」仙台荒町奮戦記』（出雲幸五郎）
『湯田分校ものがたり』（川井正三日）
『私の学級通信　1985〜2011』（庄司博信）
『戊辰戦争と秋田』（加藤貞仁）
『「東北再生」計画』（平林千春）
『秋田の「森林」を歩く』（蒔田明史）
『全訳　遠野物語』（石井徹）
『切込焼』（山野英雄）
『絶滅あきた暮らし図鑑』（佐藤清勇）
『北東北ほろ酔い渓流釣り紀行』（根深誠）
『所長はただ今不在です』（きっかわまちこ）
『新版・ゆりかごのヤマト王朝』（千城央）
『古代東北の城柵と北斗七星の祭祀』（千城央）
『あきた昭和史年表』（無明舎出版編）

	ーブルカーが動いておらずマチガ沢から歩き出す	
七月	秋田大学や国際教養大のジャーナリスト志望の学生たちとコンパ	『星地名』（森下年晃）
	太平川のアユ解禁。生まれて初めてアユ釣りを経験する	
	事務所二階で羽アリが大量発生。業者に対応を依頼する	
八月一八日～二〇日	夏休みは八ヶ岳トレッキング（三泊四日）	
	気仙沼で朝日カルチャーセンター主催の「気仙沼フォーラム」に参加	
九月	事務所にシロアリ被害。業者にきてもらい応急手当て	
	湯沢市内の施設に入所中の農民運動家・高橋良蔵氏を見舞う	
一〇月	ブラジル・ベレン在住の友人・堤剛太氏が来日、東京で会う	
	近所の川辺久太郎さん死去（享年93）。新刊が出るたび小舎の本をすべて買い揃えている「最強の読者」だった	
一〇月一〇日	映画監督・若松孝二氏、交通事故死（享年76）	
一二月	健診で「胸部に影あり」で再検査。再診は異状なし	

※八月の第45回衆議院選挙で民主党が３０８議席を獲得し、政権交代が実現。
※毎月三座以上のペースで山歩きに夢中。
※この年から本格的に「リンゴ・カンテン」ダイエットをはじめる。

二〇一三年（平成25年）

一月一六日　横手市浅舞の酒蔵「天の戸」の柿崎社長が死去（享年55）

五月　仙台の「東北文化学園大学」で非常勤講師をはじめる

六月一九日　東京の「ひつじ書房」松本社長が来舎

七月　母・ゆき死去（享年92）

長野・木曽駒ヶ岳（2955m）に友人と登る。長野市の地域誌「地域文化」で友人と対談

八月　農民運動家・高橋良蔵氏が死去（享年88）

山の學校で岩手山（2038m）登山。八合目の山小屋に宿泊

名古屋の友人、藤島トム夫妻が来舎。男鹿を案内する

九月　舎員のLが退舎

決算経理事務をはじめて一人でやる。毎日が地獄のような事務作業の日々

倉庫整理のため学生アルバイトを依頼

九月　八日　名古屋の友人、藤島トム氏死去（享年62）

一〇月　40周年記念出版として塩野米松氏に依頼していたノンフィクション『もやし屋』を刊行

一〇月二四日　新宿・模索舎の創業者、五味正彦氏死去（享年62）

Dが退職。この日から「ひとり出版社」に

一二日　長野市の「一兎舎」山崎恵理子社長が来舎

『詩集　村とムラ』（小関俊夫）
『新羅之記録』（木村裕俊・訳　松前景廣・著）
『北海道「古語」探訪』（夏井邦男）
『秋田民謡育ての親　小玉暁村』（民族芸術研究所編）
『横綱照国物語』（簗瀬 均）
『写真帖 田沢湖の記憶』（芳賀憲治）
『千秋公園樹木ガイド』（高橋 昇）
『もやし屋』（塩野米松）
『山は学校　ぼくの細道』（藤原優太郎）

一一月　九日
「無明舎創業40周年」記念イベントを開催（児童会館）。イベントは世界８０００m峰無酸素登頂の竹内洋岳氏氏をゲストに、作家の塩野米松氏と安倍の鼎談

一二月
舎の新しいデザイナーとしてM氏を採用

※ひとり出版社元年のこの年は、すべての作業を見直したせいで、多忙でストレスの多い一年となる。
※ひとり出版社となり、経理・受注管理などをマスターするため地獄の日々が続く。
※本が売れず、年４回の定期DMを５回に（この年のみ）
※ダイエットに成功（10キロ減量）。山行も焼石、虎毛、和賀、鳥海、岩手山と大きな山をふくむ40座。
※「ひとり出版」となり規模縮小が進み、仕事場も一人用にコンパクトに。
※印刷所が青森「ぷりんてぃあ第二」から東京「シナノ」に変える。
※雑用に追われたせいもあり、年間出版点数は過去最少を記録。
※２年間続いた日本農業新聞の「あんばいこう読書日記」が連載終了。以後も不定期で書評欄を担当

二〇一四年（平成26年）

一月　サンパウロの友人、松村喬志氏が来舎

二月　学生アルバイト（秋田大学＋国際教養大学）が活躍し、倉庫整理が進む

経理事務の簡素化のため150ヶ所近い取引先を整理。最終的に5ヶ所まで縮小

三月　学生アルバイトがフル稼働で返品処理作業

鶴岡市の「アマゾン民族館」が閉館。日本最大のアマゾンコレクションなのでショック

三月二〇日　長男の安倍森が帰省。無明舎の仕事を手伝うことに

仙台・東北文化学園大学の客員教授に任命される

六月二三日　秋田魁新報の「シリーズ時代を語る」で安倍甲の半生が連載となる（約1ヶ月）

六月二八日　俳優の斉藤晴彦氏死去（享年73）。劇団黒テント時代から親交のある大切な友人

八月　決算は新入舎員の安倍森に一任する

八峰町にある真瀬岳に登頂。これで県内のほぼすべての登山道のある山を踏破する

一〇月　事務所屋根のふきかえ工事

一二月　本が売れず、資金ショートを起こす

忘年会が多く秋田—東京間を連日往復する

『双極性障害と闘う』（熱海芳弘）
『蝦夷と「なこその関」』（菅原伸一）
『続　庄司　博信北鹿地方史論考集』（庄司博信）
『写真帖　追憶の仙台』（写真・小野幹　文・日下信）
『古代出羽国守　田邊史難波』（髙橋昇）
『平成日本語聞見録』（髙橋　巌）
『イッペーの花』（紺谷充彦）
『釜石ドリー物語』（篠田次郎）
『見えないものが見えてくる』（杉山正人）
『秋田県満蒙開拓青少年義勇軍外史』（後藤和雄）
『詩集　はなとゆめ』（さとう三千魚）
『一粒の米もし死なずば』（深沢正雪）
『写真集　こまち』（滝田善博）
『写真集　寝台列車』（滝田善博）

※返品処理に忙殺。返品過払い金支払いのため日本政策金融公庫から融資をうける。
※新刊が少なく、出版依頼もなく静かな一年。
※本も売れず、DM通信のときだけ注文で忙しくなる。
※秋田県内の登山道の整備された57座の全登頂を果たす。
※気分転換に「アゴひげ」をはやしはじめる。
※愛読者へのDM通信で半額セールをはじめる。予想以上の反応に驚く。

二〇一五年（平成27年）

一月　二日　元日登山は妙見山
一月　七日　ブラジル・サンパウロの友人、カルロス阿部君が来舎
一月一八日〜　関西の友人たちと香港旅行（3泊4日）
二月一五日〜一九日　四泊五日で沖縄ひとり旅行（プロ野球キャンプ巡り）
三月　三日〜六日　名古屋にアマゾン移民関係者の取材旅行
四月　アマゾン「e託」でネット販売を開始する
一八日〜二一日　札幌へ友人とミニ旅行

『「智恵子抄」をたどる』（成田 健）
『秋田の村に、移住しました。』（杉山 彰）
『自殺の内景』（苗村育郎）
『美酒王国秋田』（「美酒王国秋田」編集委員会編）
『若勢』（須藤 功）
『松栄丸「広東」漂流物語』（小林 郁）
『農で原発を止める』（小関俊夫）

四月一九日	「明治維新を考える会」の吉田昭治氏が死去（享年85）
五月　五日〜	山梨県のサントリーの白州工場見学ツアーに参加
七日	事務所敷地内の第一倉庫、老朽化のためリフォーム（二階建てを一階建てに）
六月　八日	郡山へ。デザイン広告会社を経営する三田公美子氏を訪問
七月	著者であり友人でもある藤原優太郎氏、ガンのため死去（享年71）
八月	安倍、県展の写真部門に出展し入選
	事務所の屋根の修理作業
	著者の須藤功氏が来舎。「大曲の花火」で宿がとれず事務所の二階に泊まる
九月一二日〜	関西の友人たちとの台湾旅行だったが、仙台空港でパスポートの有効期限切れが判明、出国できず
一〇月　二日	京都・梁山泊の橋本憲一氏による「京懐石とウィスキー」のイベントに出席（東京リッツ・カールトン）
一一月一〇日	横浜で図書館大会開催、シンポジウムに参加。ついでに滋賀、京都も回る小旅行
一六日〜	妻が股関節手術のため入院（約一ヶ月間）
一七日	サンパウロの大石ロベルトさん一家（5名）来日、県内各地を案内する

二〇一六年（平成28年）

※新入舎員が入ってから働き方改革で終業時間5時に。
※事務所の屋根、倉庫、トイレなどの小さな改修工事が続く。
※体調良く、体重は減り、昼はカンテン・リンゴダイエットを継続。
※山は29座。県外の小旅行多くなる。
※返品処理や倉庫整理で活躍してくれた学生アルバイトたちが、次々に秋田の新聞社や放送局に就職。

一月　協和町の大森山（３１６ｍ）に登る。登山道のない、地図にも載っていない未踏峰（？）への登頂

二月　松本市の郷土出版社が閉業へ

三月一二日〜一四日　京都と大阪の友人たちを訪ねる関西小旅行。金沢市で「生誕１００年井上有一展」（金沢21世紀美術館）

著者で個人的にも親しくしていた伊多波英夫氏が死去（享年83）

四月二四日　義母・菅原ミツ子死去（享年94）

五月二一日〜二五日　関西の友人たちと台湾三泊四日旅行。故宮博物館の対面にある小さな山にひとり登山。途中で真っ黒な野犬と会い、クマとまちがえ冷や汗

六月　私立大学の集中講義のため一ヶ月に三度も仙台を往復する

『じっぱり、け』（能代市）
『写真集　私の好きな、秋田。』（加藤明見）
『秋田風俗問状答』（金森正也）
『あきた方言古代探訪』（金子俊隆）
『マンガ　あきた伝統野菜』（杉山彰）
『殺意の内景』（苗村育郎）
『北海道「古語」伝承』（夏井邦男）
『阿古屋の松』（細川純子）
『マンガ・居酒屋「日本海」ものがたりマコちゃんとヒロシさん』（杉山彰）
『写真集 私の五葉山』（中嶋敬治）
『屋久島だより』（詩・山尾三省　文・山尾春美）

七月		資金繰りのため、またしても日本政策金融公庫から融資を受ける
	七日	永六輔さん死去（享年83）。処女出版の『中島のてっちゃ』の書評を書いていただいた恩人である
	九日	元秋田書房創業者の廉内敬司氏死去（享年65）
八月		保管庫、家の倉庫の整理作業 厳しくなった耐震基準を満たすため、事務所の外壁の大改修工事がはじまる（約一ヶ月半）
	二日	評論家のむのたけじ氏死去（享年101）
九月二二日～	二九日	関西の友人たちとフランス・ブルゴーニュ地方へ六泊七日の旅
一〇月一五日		東京・神保町の岩波ブックセンター社長・柴田信氏死去（享年86）
	二五日	山梨へブラジル移民の取材旅行。「大原治雄写真展」も観てくる
	二七日	作家の高井有一氏死去（享年84）
一二月		八戸市へ。「八戸ブックセンター」を見学

※事務所と自宅の庭木の剪定作業を専門の庭師に依頼。
※仙台の私立大学で非常勤講師の回数が増え忙しくなる。
※短期融資を受け、またしても無借金経営は中断。
※体調は良く、山行は30座をこす。しかし歯医者通いは止まらない。

※画像や資料の貸出し（転載）依頼が増え、一律１５０００円の使用料をもらうことに決める。

二〇一七年（平成29年）

一月　三日〜九日　関西の友人たちとタイ・バンコク旅行
福岡・葦書房の元編集長・三原浩良氏死去（享年79）

二月　この月だけで一挙に10本以上の原稿が入る
シャチョー室宴会で「モモヒキーズ」のA長老、酔って階段から転落。救急車で病院に搬送されるも大事にいたらず
新入舎員、青森県黒石市の印刷所へ一日研修へ

三月　5本の新刊が一挙にできてくる

四月　引き続き4本の新刊ができてくる
転落事故を防ぐため事務所階段に手すりを設置

五月二二日　昔、ひとり旅をしたペルー・マチュピチュで、その時にガイドをしたというM氏が突然訪ねてくる

六月　九日〜一四日　関西の友人たちと3泊4日の台湾旅行
スポーツクラブでエアロビクスを再開
東成瀬村のルポを書くため現地取材を開始

七月　安倍、地元ＡＢＳのラジオ番組に出演

『橡ノ木の話』（富木友治・著　勝平得之・版画）
増刷『昭和東北大凶作』
『「勝ち組」異聞』（深沢正雪）
『農から謝罪』（小関俊夫）
『即身仏の里』（野沢博美）
『探究の人菅江真澄』（菊池勇夫）
『「地域の食」を守り育てる』（谷口吉光）
『蘆名騒動』（江井秀雄）
『山の神・鮭の大助譚・茂吉』（村田弘）
『「秋田藩」研究ノート』（金森正也）
『秋田の中の「伊勢」』（金児紘征）
『増補改訂　苗村一族の千年史』（苗村育郎）
『角館城下町の歴史』（林正崇）
『落陽の道』（大坂高昭）
『続々 北鹿地方史論考集』（庄司博信）
『写真帖　秋田の路面電車』（秋田県立博物館編）
『北前船寄港地ガイド』（加藤貞仁）

八月　東成瀬村から岩手側に抜ける「仙北道」踏査に安倍、参加

九月　九日　ものすごい落雷。事務所の電話機などに大きな被害あり

二九日　再開したエアロビクスで安倍、肉離れ

一〇月　刈和野の「ギャラリーゆう」の軽部夫妻宅で作家の塩野米松氏、杜氏の森谷康市さん、麹会社の今野宏社長らと「四季の庭と酒を楽しむ会」（以後恒例に）

一一月　出版社を対象に顕彰する梓会出版文化賞・特別賞を受賞

鳥取県米子市へ。「ぶっくいんとっとり」のイベントに参加

一二月　新入舎員、東京の「神保町ブックフェア」を見学、研修へ

秋田市にある「松阪古書店」が閉店

忘年会の多い月となる

※決算は久しぶりの黒字、新刊点数もめずらしく20点をこす

※町内会の班長になり雑用が多くなる。

※二月、三月、四月と年初めになぜか出版依頼が集中。

※アルバイトとの宴会が多い一年で、痛風、腰痛、肉離れ、歯痛など体調不良の一年。

二〇一八年（平成30年）

一月　友人の記者に資料提供した「第一回全国中等野球大会」の関係者インタビューテープが秋田魁新報の正月の連載記事になる

『太平山5000日』（奥村清明）

『写真集　秋田市にはクマがいる。』（加藤明見）

『ばりこの「秋田の山」無茶修行』（鶴岡由紀子）

	三日〜	恒例になった関西の友人たちと二泊三日の香港旅行
	八日	東京で「梓会出版文化賞」の授賞式。新入舎員と二人で出席
	一八日	「平野甲賀と晶文社展」（東京・銀座）へ
	二二日	山仲間「モモヒキーズ」が「梓会出版文化賞」の受賞祝い（事務所二階）
二月	一六日	故むのたけじ氏の原稿執筆のため、埼玉県大宮まで日帰り取材旅行
四月		京都・梁山泊の橋本憲一氏の古希祝い（京都で津野海太郎氏と3人で）
五月	五日	新入舎員、東京・晶文社にて一週間の個人研修へ
	七日〜一三日	安倍、白内障の手術が無事終了
七月		山口県の「マツノ書店」の松村久氏が死去（享年85）
八月		東成瀬村を舞台にした、『学力日本一の村』を刊行
八月	二四日	関西の友人たちが「大曲の花火」見学のため二泊三日で来秋
		舎内の資料本などをネットで古書として販売を開始
九月		作家の長部日出雄さん死去（享年84）
一〇月	一八日	全国のクマ研究者が一堂に会する「クマ・シンポジウム」が秋田市で開催
一二月		男鹿・門前港から道なき海岸線を踏破する海歩きアドベンチャー企画に参加

『「星地名」縄文紀行』（森下年晃）
『池田昭二鳥海山山行記録1000』（池田昭二鳥海山山行記録1000編集委員会編）
『「学力日本一」の村』（あんばいこう）
『脳と自我』（苗村育郎）
『危険な思想』（庄司 進）
『秋田藩小事典』（金森正也）

※ひきこもりのような一年で原稿書きに専念。
※金足農業、甲子園で準優勝。地上イージスアショア問題、秋田犬がブーム。
※山は25座で、出版点数は10点を切る。

『京游日誌』（加藤愼一郎）
『秋田学入門』（あんばいこう）
『移民と日本人』（深沢正雪）
増刷『長谷山かって通信』（及川和芳）
『奥のしをり』（加藤貞仁）
『詩集 ノスタルジア』（吉沢悦郎）
『名族佐竹氏の神祇と信仰』（神宮滋）

二〇一九年（令和元年）

一月一五日　ガラケーをスマートフォンにかえる
一九日〜二一日　京都へ。クマ料理を食べる取材旅行
二三日　散歩中にアイスバーンで転倒し、一瞬失神する
三一日　「噂の真相の」岡留安則さん死去（享年71）
二月　転倒の後遺症が不安で病院でCTスキャン。ついでに胃カメラでピロリ菌退治も
三月　『出版ニュース』（月3回）が休刊。75年の歴史に幕。編集長の清田義昭氏は尊敬する先輩である
五月一一日　直木賞作家・阿部牧郎氏が死去（享年88）
六月　朝日新聞秋田県版の連載コラム、『秋田学入門』というタイトルで単行本に
六月一一日〜二六日　ブラジル・トメアスーへ取材旅行。これが10度目の南米行きとなる
七月　一日　関西の友人たちと東京「すきやばし次郎」で会食

一八日	事務所玄関の改修工事がはじまる
	秋田魁新報に「アマゾンの秋田県人」を短期連載（6回）
八月三〇日	「天の戸」の杜氏・森谷康市君、エコノミー症候群で死去（享年61）
三〇日	ドイツ文学者でエッセイストの池内紀さん死去（享年78）
	八幡平の焼山で下山中、クマと遭遇する
三〇日	関西の友人たちが二回目の「大曲の花火」ツアーに来秋
九月	ブラジル・ベレンの日伯協会から「アマゾン移民90周年」で貢献があった日本人として表彰状が届く
二〇日	イージス・アショア問題で「新聞協会賞」を受賞した秋田魁新報社のM氏お祝いの会
一〇月一八日	友人の橋本憲一氏、来秋。秋田市と鶴岡市を案内する
三一日	俳優の山谷初男さん死去（享年85）

※10月から消費税が10％に。

※年四回の発行を続けてきた「んだんだ通信」が、この年から不定期に。

※山は30座。毎日の散歩を欠かさず、体調は良好。

※１９４１年創刊の『出版ニュース』の休刊にショック大。

※保管庫にねむる膨大なネガやポジフィルムをデジタル化する作業を続ける。

二〇二〇年（令和2年）

一月　元旦登山は妙見山
　　　温泉施設「ユフォーレ」の年間パスを買い、筋トレをはじめる

二月　新型コロナウィルスが猛威を振るう

三月　コロナ禍の自粛モード。ひたすら事務所で自分の原稿（ブラジル関係）を書く

五月　新入舎員、妻の実家で畑作り
　　　ホームページで連載中の読書記録「一本勝負」のブックレビューが千回をこえる

六月　仕事少なく、山にも行けず、料理に没頭する日々
　　　読み終わった本を定期的にブラジルの友人に送りはじめる

七月　コロナによる国からの持続化給付金がはいる

八月　中止していた「んだんだ通信」を10ヶ月ぶりに再刊

九月　「自粛」で、外に出ることもかなわず読書三昧

一二月　角館で講演。これを機に講演依頼が増える（ほとんど延期か中止になるのだが）

※コロナ禍による異常な日々が「日常」になった一年。
※出版点数は史上最小の6点。
※山は20座。散歩と日記は一日も欠かさず。

『ミツバチと暮らす』（藤原誠太）
『北緯四〇度の秋田学』（川村公一）
『耕嶽院史（非売品）』（耕嶽院）
『鳥の目・虫の目・子どもの目』（酒井浩）
『詩集 春の苦み』（鈴木公）
『あきた地域医療最前線』（読売新聞秋田支局）

二〇二一年（令和3年）

一月　元旦登山は妙見山

一月一七日　画家の安野光和氏死去（享年94）。NHKラジオ「日曜喫茶室」でお世話になった人

二月　八日　定例の健康診断で、あらゆる数値が極端に悪化、健康不安

三月二二日　装丁家・平野甲賀氏が死去（享年82）

四月　秋田県内の「中世の山城」の取材をはじめる

五月　ゴールデンウイークは連日、県内の「山城」取材旅行

六月　JR東日本の「トランヴェール」に沢木耕太郎氏が『嘉永五年東北』を取り上げてくれ、注文あいつぐ

八月　ダイエットのため筋トレ開始

スマートフォンをガラケーに変更

九月一〇日　パズル雑誌・制作「ニコリ」の社長・鍛冶真起氏死去（享年69）

※4月から本格的に秋田県内の「中世の山城」を取材に入る。

※コロナ自粛が続き、落ち着いたのは10月以降。

※県外へまったく出ず、事務所の「ひきこもり」生活。

※新刊は少なく希望の見えない暗い一年。

『肝星細胞の研究』（妹尾春樹）

『古地図で行く秋田』（五十嵐典彦）

『秋田・白神入山禁止を問う』（佐藤昌明）

『続・秋田学入門』（あんばいこう）

『謎解き「後三年記」』（加藤愼一郎）

『平田篤胤　その思想と人生』（渡部由輝）

『詩集　飼料米と青大将』（小関俊夫）

二〇二二年（令和四年）

二月　安倍、またしてもアイスバーンで散歩中に転倒

六月　安倍、内視鏡検査で「逆流性食道炎」と診断され、薬治療はじまる

八月　秋田魁新報に全三段広告。創業50周年を告知

九月　無明舎出版、創業50年目を迎える

一〇月　毎日新聞「発言」に安倍、50周年の記事寄稿

一二月　事務所一階床を全面リフォーム（床は二回目）

※コロナ禍二年目。出張・外泊・東京行き昨年に引き続きゼロ。

※ロシアによるウクライナ侵攻。コロナ禍とあいまって社会全体に閉塞感強まる。

※前半は仕事依頼もなく沈黙。後半は一挙に仕事が増え忙しくなる。

※個人的に、コロナワクチン5回、内視鏡カメラ2回、歯科医10回以上という病院通いの一年。

※創業50周年を迎えたためメディアの取材など増え、年の後半は多忙に。

『街並探険』（松田淳一）
『戦国山形の合戦と城』（保角里志）
『音楽と秋田と私』（川口洋一郎）
『詩集 秋霜』（鈴木公）
『詩集 虫のために大豆をつくってる』（小関俊夫）
『冬の桜―坊沢村の義民と若き日の昌益』（寺田良）
『私の少年時代』（小島貞明）

編著者略歴

本名 安倍 甲（あべ・はじめ）。
1949年秋田県湯沢市生まれ。
県立湯沢高校卒業後、秋田大学を中退し、
現在は出版業。
主な著書に、
『力いっぱい地方出版』（晶文社）
『頭上は海の村』（現代書館）
『田んぼの隣で本づくり』（日本エディタースクール出版部）
『食文化あきた考』（無明舎出版）
『ババヘラの研究』（無明舎出版）
『「学力日本一」の村』（無明舎出版）
『秋田学入門』『続秋田学入門』（無明舎出版）など多数。

んだんだ
― 無明舎出版よたよた半世紀 ―

発行日　2023年4月30日　初版発行
定　価　1760円〔本体1600円＋税〕
著　者　あんばいこう
発行者　安倍　甲
発行所　㈲無明舎出版
秋田市広面字川崎112－1
電話（018）832－5680
FAX（018）832－5137
製　　版　有限会社三浦印刷
印刷・製本　株式会社シナノ

ISBN 978-4-89544-682-2

あんばいこうの本

舎史ものがたり——無明舎創立30年の歩み

A5判・一六二頁
定価一一〇〇円
〔本体一〇〇〇円＋税〕

一九七二年、ひとりの学生が起業したローカル出版社の30年を、資料と読み物で紙上に再現する。ロートル・オヤジたちの地方出版奮戦記。

食文化あきた考

四六判・三〇二頁
定価一九八〇円
〔本体一八〇〇円＋税〕

これまでの通説を疑い、大胆な推論と丹念な取材で、新しい秋田像を「食」から切りひらく。誰も書かなかった知的スリルに満ちた食の地域誌。

ババヘラの研究

四六判・一八二頁
定価一六五〇円
〔本体一五〇〇円＋税〕

その謎に包まれた歴史とルーツを、沖縄や高知にまで取材、秋田で生き残った衝撃の理由に迫る！　業界のタブーに肉迫したルポルタージュ！

秋田学入門

四六判・一三六頁
定価一一〇〇円
〔本体一〇〇〇円＋税〕

知っていますか、秋田県民のヒ・ミ・ツ。定説や常識、かんちがいや偏見と向き合い、身の回りにあふれる誰も知らない秋田県民の基礎知識。

続・秋田学入門

四六判・一三六頁
定価一一〇〇円
〔本体一〇〇〇円＋税〕

フツーや常識、中心や主流を疑い、地域の中の細部や小道に迷い込み、その疑問の森に踏みこみ、暮らし、伝説、食文化の謎とルーツを考える。